1+X职业技能等级证书配套教材

门店数字化运营与管理系列

门店数字化运营与管理教程（初级）

MENDIAN SHUZIHUA YUNYING YU GUANLI JIAOCHENG

主　编　邱　云　夏承龙　姚　玲

副主编　苏伯文　孟子媛　梁彩花

中国人民大学出版社

·北京·

“1+X”职业技能等级证书配套教材·门店数字化运营与管理系列

编委会名单

前　言 ………… PREFACE

《国家职业教育改革实施方案》中明确提出，在职业院校、应用型本科高校启动“学历证书＋若干职业技能等级证书”制度试点（即“1+X”证书制度试点），鼓励学生在获得学历证书的同时，积极取得多类职业技能等级证书。

为贯彻落实《国家职业教育改革实施方案》，积极推动“学历证书＋若干职业技能等级证书”的制度试点，进一步完善相关行业技术技能标准体系，为技术技能人才教育和培训提供科学、规范的依据，中联职教（北京）科技有限公司依据当前相关行业发展实际情况，结合自身多年在零售行业的运营经验，联合行业、企业、院校，组织有关专家开发了《门店数字化运营与管理职业技能等级标准》，并在此基础上开发了“‘1+X’职业技能等级证书配套教材·门店数字化运营与管理系列”。

《门店数字化运营与管理教程（初级）》是依据《门店数字化运营与管理职业技能等级标准》编写的，学习者通过学习本书，可以对门店、连锁门店的数字化运营形成系统而清晰的认知。在编写本书的过程中，笔者调研了大量的零售、餐饮行业企业对门店运营与管理岗位的技能要求，形成了如下鲜明特色：

1. 以“1+X”证书制度为导向

本书积极贯彻落实国务院发布的《国家职业教育改革实施方案》中关于“1+X”证书制度试点的要求，加快学历证书和职业技能等级证书的衔接。从实战角度出发，稳步推进门店数字化运营与管理“1+X”证书制度试点工作。

2. 理论知识与实践技能有效融合，教材实用性强

本书以企业的实际运营工作为基础，结合理论知识教学，编写时进行了大量的市场调研，采用企业的真实案例进行分析，培养理论知识和实践能力并存的学生。

3. 知识体系完整，符合学习者的认知规律与学习能力

本书知识结构合理，学习内容从门店的基础运营知识，到门店业管理技能，难度逐步加深，让学生全方位了解门店的数字化运营与管理工作是如何进行的，符合学习者的学习规律和习惯。

本书由中联职教（北京）科技有限公司主持编写，得到重庆城市管理职业学院、安徽财贸职业学院、长沙职业技术学院等众多高校，北京百品五味食品科技有限公司、北京比格餐饮管理有限责任公司等多家企业以及中国人民大学出版社的大力支持。本书由重庆城市管理职业学院邱云、青雪梅、孟子媛与安徽财贸职业学院夏承龙负责编写模块一；安徽国际商务职业学院苏伯文、叶娜与重庆城市管理职业学院郑家佳负责编写模块二；长沙职业技术学院姚玲、屈巧姿、王华丽与浙江金融职业学院陈杏头负责编写模块三；邱云、夏承龙、姚玲负责全书的统筹编审工作，为本书主编；苏伯文、孟子媛、梁彩花协助完成本书的编写，为本书副主编。在此对各位老师和朋友的辛勤工作表示衷心的感谢！

由于门店数字化涉及的内容具有较强的时效性，加之编写时间有限，书中难免存在不足之处，恳请广大读者批评指正，以使本书日臻完善。

编　者

目　录 CONTENTS

模块三 3 门店基础操作

模块一

门店全渠道数据采集

学习目标

知识目标

- 了解线上线下收银主流方式；
- 了解主流媒体平台和网站等线上推广渠道；
- 熟悉门店收银和库存岗位的基本作业流程；
- 熟悉收银、消费群体、线上平台等数据源的信息采集方式；
- 熟悉线上平台的推广运作模式。

能力目标

- 掌握社交媒体、视频、短视频网站的基本推广方式和技巧；
- 掌握各类社交平台的星级排名与变化等数据采集基本方法；
- 能够对各类消费点评平台的排名及销量等数据进行监控；
- 能够将数据采集汇总整理成规范的表格形式；
- 能够熟练运用采集的前场数据做出线上推广渠道的匹配；
- 能够熟练运用各类单据和表格进行数据统计。

思政目标

- 培养学生利用科技手段服务社会、服务民生的创新意识。

知识导图

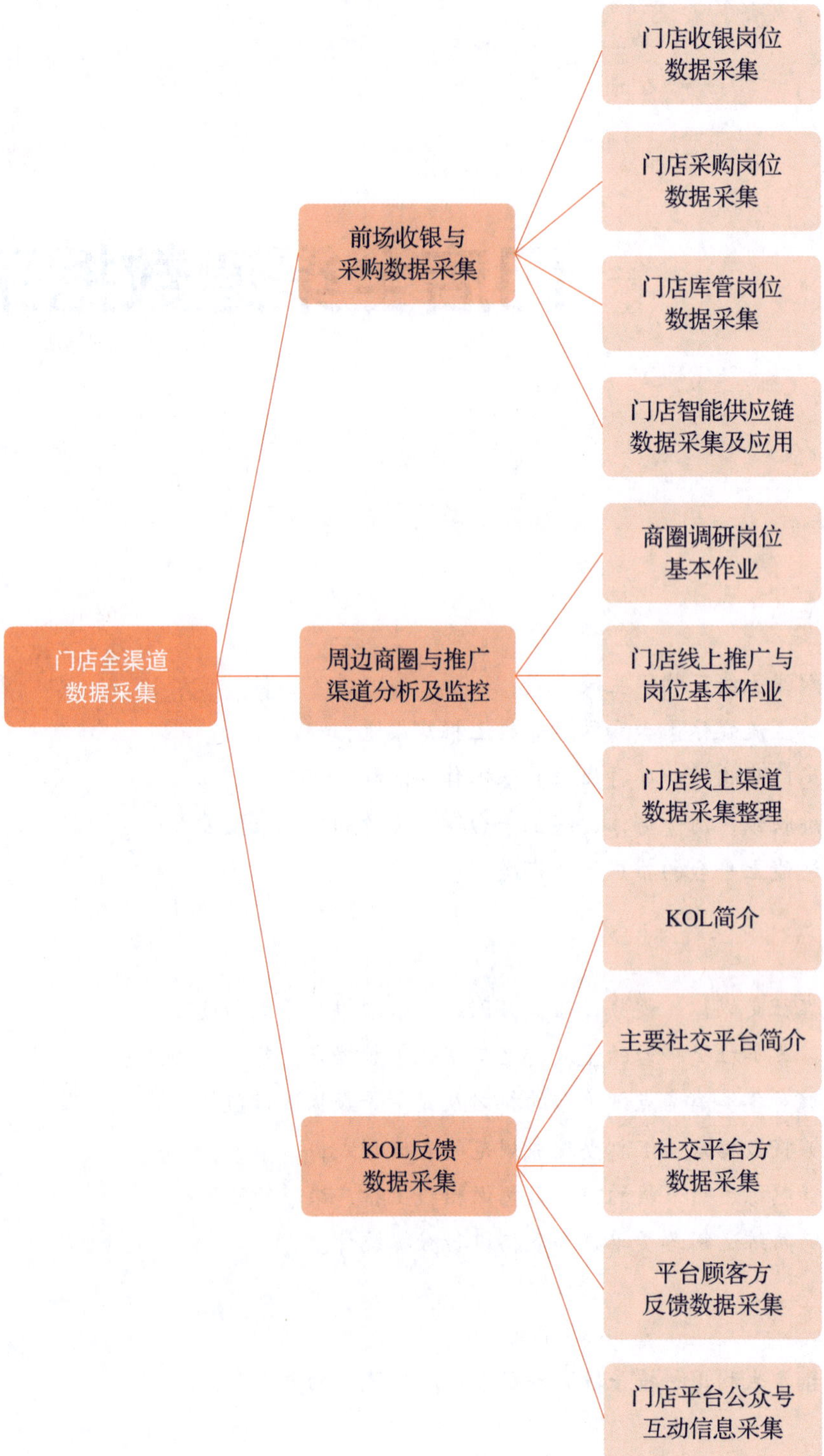
门店全渠道
数据采集
前场收银与
采购数据采集
门店收银岗位
数据采集
门店采购岗位
数据采集
门店库管岗位
数据采集
门店智能供应链
数据采集及应用
周边商圈与推广
渠道分析及监控
商圈调研岗位
基本作业
门店线上推广与
岗位基本作业
门店线上渠道
数据采集整理
KOL反馈
数据采集
KOL简介
主要社交平台简介
社交平台方
数据采集
平台顾客方
反馈数据采集
门店平台公众号
互动信息采集

单元一

1 前场收银与采购数据采集

案例导入

“物美＋多点”解决零售数字化“痛点”

近年来，物美集团通过做强数字化技术、融合线上线下业务，努力提升消费体验，打造良好购物环境，巩固了自己作为国内大型连锁超市的地位。通过培育多点 Dmall 全渠道零售平台，物美集团打开了线上业务渠道，理顺了线下业务管理条块，逐渐实现全场景覆盖、全渠道经营、全链条联通，推动传统实体零售企业数字化转型，并解决了物流效率、货物管理、成本控制等一系列零售业痛点和难题。

“零售，就是高科技。”物美集团创始人、董事长张文中早在 20 世纪末作出的这一论断正在成为现实。由于超前布局，当电商不断抢占传统超市门店市场份额时，物美集团却逆势而上，以“物美＋多点”模式实现了线上线下一体化发展，成为国内领先的科技零售集团。

一、数字技术解决难题

研究物美的发展历史不难发现，“用信息化、数字化技术解决零售痛点”是北京物美商业集团股份有限公司自诞生之日起就认准的一条路。

1994 年，第一家物美超市就靠着先进的 POS 机系统，告别了算盘手工记账的物美，第一年单店流水就超过 1 亿元。“张文中当时就提出‘零售，就是高科技’，在那个时代是非常超前的理念。”物美集团党委书记许丽娜说。

技术不断进步，物美也紧跟潮流。2014 年，在做好线下零售的同时，物美开始探索数字化转型。2015 年 4 月，张文中与另外两名投资人创办了一家全新企业——多点 Dmall——全渠道零售平台，多点开始寻找实体零售业的数字化改造方案。

按照多点 Dmall 总裁张峰的说法，多点“聚焦场、连接人、协同货”实现全场景覆盖、全渠道经营、全链条联通，驱动实体零售加快数字化转型。通过多点，物美将会员、员工、商品、服务和管理全盘在线化，并通过多点门店和电商通用的 App，将线上线下合二为一，“两条腿走路”让物美在电商时代实现了传统零售的逆势成长。

二、线上线下互相赋能

提到物美近年来持续推进的数字化转型，许丽娜坦言开始很多人不理解，但现在发现，线上线下业务齐头并进并没有让工作量翻番，流程优化了，成本反而降了下来。

数字化不仅让工作条分缕析，也倒逼门店加速推进新技术应用。2018 年年中，物美物流的配送时间从 2 小时缩短到 90 分钟。2020 年起，多点 OS 系统覆盖了物美所有店面。

通过标品化、自助购、电子价签应用，2019 年物美全部门店到家订单增长 49%，库存周转期降至 21 天。

作为开放性平台，多点已与 120 个零售企业达成合作，服务近 30 个省份 1.3 万多家门店，用户数达到 1.5 亿，月活用户数达 1 800 万。

三、优化管理创新服务

面对 2020 年新冠肺炎疫情的冲击，物美加速了“物美 + 多点”数字化进程。多点平台的大数据让物美能做到每天定时定量把口罩分配给有需求的市民，防止特殊时期的重复购买。

在线上业务加速发展的同时，物美线下门店也融入居民日常生活。无论是“自助购”、智能购物车，还是保价保供、进口冷链产品“一码溯源”，物美用数字技术为消费者提供更安心、更舒心的购物环境。“物美一直走在不断迭代的路上，未来也会如此。”刘兆文说。

对实体店的未来，张文中有 3 点判断：“第一，从用户需求和供应链角度看，实体店有存在的必要性；第二，实体店必须进行彻底的数字化转型，提升管理效能，满足市场需求；第三，实体店能提供 30 分钟配送到家、堂食、理发、洗衣修鞋等服务，提供线上不具备的消费场景。”

如今，千店千面的物美正通过全面数字化回归商业本质，不断充实完善自身服务能力，为消费者提供更好的商品和服务，也在零售业激烈的市场竞争中站稳潮头。

资料来源：杨学聪．“物美 + 多点”解决零售数字化“痛点”[N]．经济日报，2020-12-09（12）．(有改编)

思考：

1. 如何理解“零售就是高科技”这句话？
2. 通过此案例，你怎么看待线上线下是相互赋能的？

在信息化时代，任何一家实体门店都无法回避网络化、数字化带来的变革。同时，随着消费者自我意识的觉醒，消费者对在实体店消费的体验感也提出了更多元化的需求。基于这样的思考，我们认为实体门店数字化运营已经是大势所趋。

门店数字化是运用互联网、物联网、大数据、云技术、人工智能等手段，融合线上线下渠道，对实体门店中的人、物、财、场等方面的信息进行数字化采集和分析，重塑实体门店的业态生态圈和购物体验，将实体门店从消费的终点改造为服务的起点。门店数字化运营示意图如图 1-1 所示。

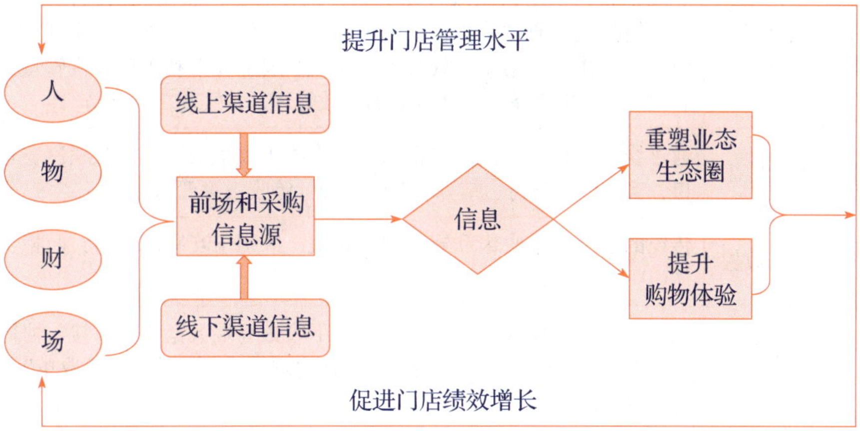

图 1-1 门店数字化运营示意图

一、门店收银岗位数据采集

收银数据是衡量实体门店运营效果最重要的基础数据。门店零售的核心价值就是为用户提供优质的消费产品和消费体验，从而提高整体的经营业绩。因此，学会掌握如何进行收银数据采集是对门店运营效果做出精确判断的保证。

（一）收银结算分类

收银结算岗位是实体门店的前端岗位，是同时与顾客和商品直接接触最多的岗位，也是最先和能直接感知经营绩效的岗位。收银结算工作按其不同的性质和特点，有不同的分类，如表 1-1 所示。

表 1-1 收银结算分类表

收银结算分类标准	收银结算类别	主要特点
是否有收银员	人工收银	由实体门店收银员全程主导收银结算，并为顾客提供打包装袋等服务。适合购物数量较多、金额较高、体积较大的顾客，以及中老年顾客。
	自助收银	顾客以自助的方式，自主地完成收银结算。这种收银结算方式可以提高收银效率，并且能够有效保护顾客隐私，但是对于信息设备独立操作能力要求较高，不适合老年顾客。
是否使用现金结算	现金收银	现金收银是收银结算的最基本类别和最初级形态。第一，具有方便性，现金受理面宽、结算灵活直接；第二，具有无痕性，交易当面瞬间完成，没有时差，不留痕迹；第三，具有烦琐性，现金收银涉及清点、保管、运输和存储等工作，人力物力成本高，管理工作烦琐。

续表

收银结算分类标准	收银结算类别	主要特点
是否使用现金结算	非现金收银	非现金收银采用银联或移动支付方式，具备互联网和信息化特征。第一，具备便捷性，通过手机付款或银联付款，仅仅几秒钟就能实现付款，过程简单方便快捷；第二，具有智能性，非现金收银利用计算机管理系统、互联网以及智能设备，可实现数据高效管理，并实现二次营销。
按照收银渠道	线上收银	通过线上支付渠道完成收银结算，实体店收银系统对接互联网支付平台端口，实现线上支付、结算、对账、统计等收银管理功能。
	线下收银	传统的线下现金收银和银联刷卡收银，区别于互联网渠道，收银工作在实体门店场所完成。
	线上线下结合	线上线下结合使线上平台数据和线下收银终端数据无缝对接，协同完成线上线下一体化的闭环交易行为，从而实现“线上点单，线下取单”“线上支付、线下结算”。
按照收银发起人	主动式收银	主动式收银是收银结算的一般形式，由门店收银工作人员主动发起收银过程。这能够避免顾客的逃单行为，但是收银过程更为烦琐。
	被动式收银	被动式收银是收银结算的新兴形式，由顾客主动发起收银过程，收银员被动进行结算的收银过程。这可以减轻收银员的工作负担，但是存在逃单风险。
按照功能多样性	单一型收银	仅具备收银、买单、点餐等基础性功能，但对于扫码点餐、实时进销存数据监测等服务支持较弱。
	管理型收银	除具备实时在线点餐、买单、收银外，还能实现扫码点餐、会员营销、进销存实时管理等门店管理功能。
	智能型收银	能够对门店运营环节全方位数据源实时连接，能够对接总部和兄弟门店信息管理系统，能够对门店上下游资源进行整合，并基于大数据能力提供更多增值服务，搭建完善“生态圈层”。
按照行业适用性	通用型收银	适用于所有行业的通用型收银类型，无法针对门店行业特点进行深度定制，只能完成简单的收银操作。
	专用型收银	适用于单一行业的专用型收银类型，能够针对门店行业特点进行深度定制，进行复杂的收银全流程数据采集和分析管理。

（二）收银结算操作

1. 线下门店收银结算操作

（1）线下收银结算总体流程，如图 1－2 所示。

（2）线下收银结算在岗作业流程，如图 1－3 所示。

（3）线下门店自助收银结算操作，如图 1－4 所示。

2. 云收银结算操作（见图 1－5）

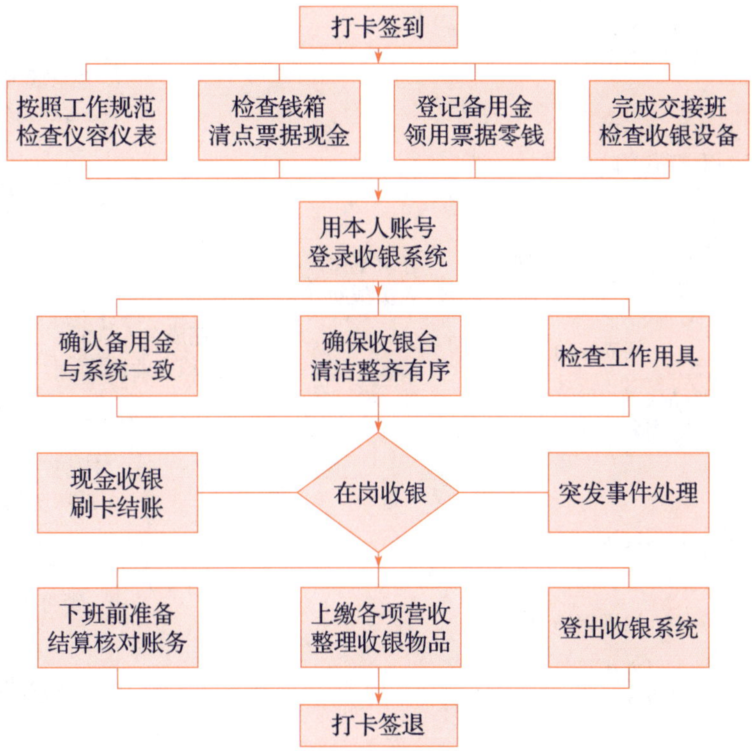

图 1－2　线下收银结算总体流程

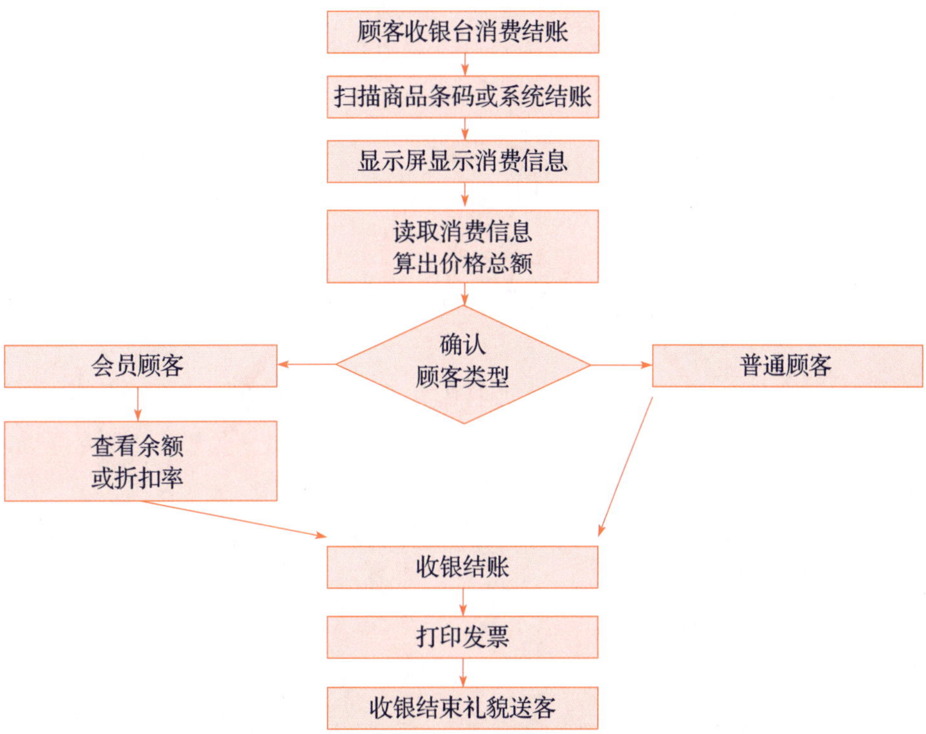

图 1－3　线下收银结算在岗作业流程

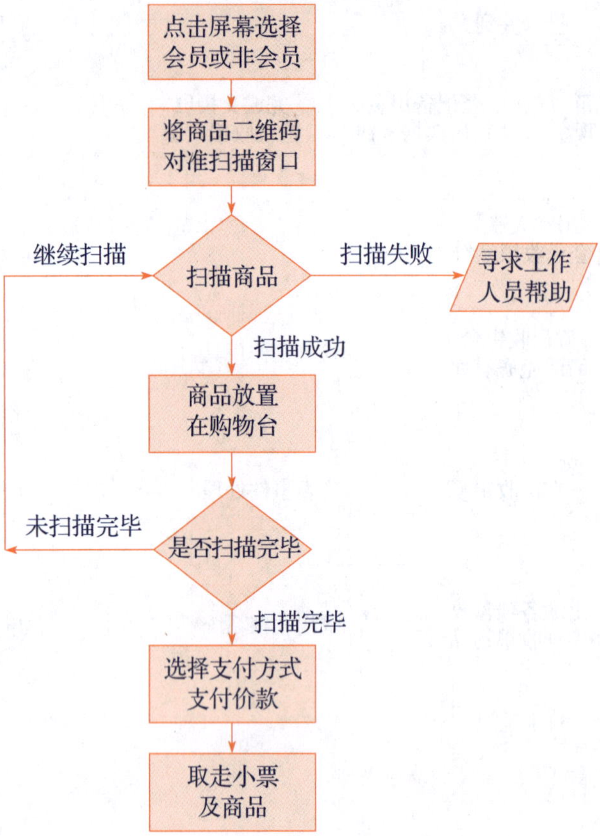

图 1－4　线下门店自助收银结算

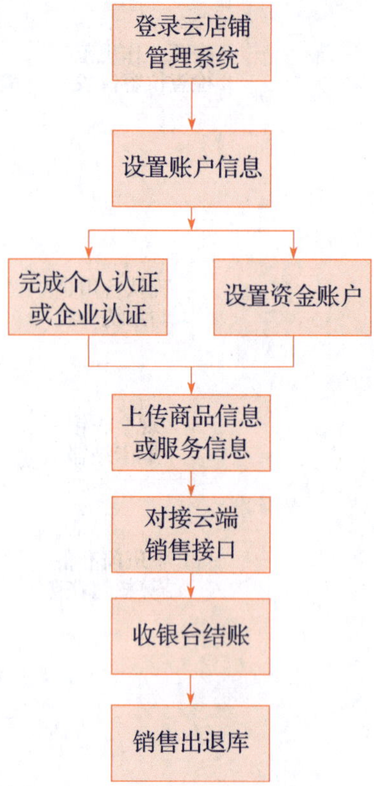

图 1－5　云收银结算

3. 线上线下结合收银结算操作（见图 1－6）

图 1－6　线上线下结合收银结算

实例分享

"到店自提"，或刚迎来爆发窗口

（三）收银结算统计

统计是分析的基础，分析是管理的依据。

采集收银结算的数据是门店一项重要的基础性统计工作，其统计结果是门店运营管理数字化的关键一步，是了解门店销售状况、顾客状况、价格状况的重要工作。

1. 采集形式

根据收银结算数据采集划分标准的不同，收银结算数据采集有不同的类别，如表 1－2 所示。

表 1－2 收银结算数据采集分类

采集划分标准	收银结算数据采集类别	主要特点
是否统一采集	统一采集	统一采集形式主要存在于购物中心、百货商场等统一经营管理的商业业态。该业态商业体内所有商户统一由商业管理方收银结算，并向每家商户提供整体营业数据和商户本身营业数据。
	分户采集	分户采集形式一般存在于独立商户或者管理松散的商业市场，是指由商户自身完成收银结算工作，商户自行采集零售经营数据。
线上线下采集渠道	线上采集	线上采集形式一般存在于网上门店、拥有网店的实体门店、通过网上支付渠道完成收银结算的门店等。通过线上支付系统或平台采集收银结算数据。
	线下采集	线下采集形式是最普遍的收银结算数据采集形式，普遍存在于门店中，是一种非网络的数据采集形式。通过门店手工台账或者 POS 系统采集收银结算数据。
按照采集技术	硬件采集	硬件采集形式是指在电脑和打印机之间安装一个采集盒，采集打印机数据。
	软件采集	软件采集形式是指在客户端电脑上安装采集软件，采集收银软件下发的打印数据。
按照采集发起人	自主采集	自主采集形式是指由门店自主发起数据采集行为，收银数据按照门店管理者的意志采集、存储、汇总。 该形式的优势是数据采集完全由门店管理者掌控。劣势是数据仅限于本门店，缺乏市场和同行数据资源。
	第三方采集	第三方采集形式是指第三方完成收银结算的数据采集工作，由第三方将收银结算数据采集汇总之后，下发给门店。该形式常见于门店入驻各类消费平台、外卖平台、社交平台等。 该形式的优势是：第一，数据来源丰富完整，除了拥有本门店数据，还会被分享行业数据和市场数据；第二，会有平台对数据的系统分析和挖掘。劣势是数据采集、存储、下发由第三方掌控。

2. 收银结算数据采集报表

收银结算数据采集报表有日报表、月报表等，根据业态不同，形式也会有所区别。通常都是收银结算数据的简单汇总，作为原始数据提供给管理者分析和挖掘。常见的有以下几种形式。

（1）超市商品收银结算明细日报表，如表 1－3 所示。

表 1－3　超市商品收银结算明细日报表

<table>
<tr><th colspan="7">超市商品收银结算明细日报表
（日期：　　　）</th></tr>
<tr><th colspan="2">品类和品名</th><th>数量</th><th>单价（元）</th><th>金额（元）</th><th>出库</th><th>交班人签字确认</th></tr>
<tr><td rowspan="5">清美品</td><td></td><td></td><td></td><td></td><td></td><td></td></tr>
<tr><td></td><td></td><td></td><td></td><td></td><td></td></tr>
<tr><td></td><td></td><td></td><td></td><td></td><td></td></tr>
<tr><td></td><td></td><td></td><td></td><td></td><td></td></tr>
<tr><td></td><td></td><td></td><td></td><td></td><td></td></tr>
<tr><td rowspan="5">食调味品</td><td></td><td></td><td></td><td></td><td></td><td></td></tr>
<tr><td></td><td></td><td></td><td></td><td></td><td></td></tr>
<tr><td></td><td></td><td></td><td></td><td></td><td></td></tr>
<tr><td></td><td></td><td></td><td></td><td></td><td></td></tr>
<tr><td></td><td></td><td></td><td></td><td></td><td></td></tr>
<tr><td rowspan="5">生鲜品</td><td></td><td></td><td></td><td></td><td></td><td></td></tr>
<tr><td></td><td></td><td></td><td></td><td></td><td></td></tr>
<tr><td></td><td></td><td></td><td></td><td></td><td></td></tr>
<tr><td></td><td></td><td></td><td></td><td></td><td></td></tr>
<tr><td></td><td></td><td></td><td></td><td></td><td></td></tr>
<tr><td rowspan="5">日用品</td><td></td><td></td><td></td><td></td><td></td><td></td></tr>
<tr><td></td><td></td><td></td><td></td><td></td><td></td></tr>
<tr><td></td><td></td><td></td><td></td><td></td><td></td></tr>
<tr><td></td><td></td><td></td><td></td><td></td><td></td></tr>
<tr><td></td><td></td><td></td><td></td><td></td><td></td></tr>
<tr><td colspan="2">总计</td><td></td><td></td><td></td><td></td><td></td></tr>
</table>

（2）酒店业态收银结算月报表，如表 1－4 所示。

表 1－4 酒店业态收银结算月报表

登记日期	宾客姓名	房号	数量	房价	市场来源	销售模式	入住时间	离店时间	天数	现付金额	其他支付金额	付款方式	预授权完成	消费种类	消费金额	支付方式	账单号	收银员	备注
1 月 1 日																			
1 月 1 日																			
				日小计：	挂账	¥0.00	银行卡	¥0.00	现金	¥0.00	信用卡	¥0.00			房间消费	¥0.00		日收入总计：	¥0.00
登记日期	宾客姓名	房号	数量	房价	市场来源	销售模式	入住时间	离店时间	天数	现付金额	其他支付金额	付款方式	预授权完成	消费种类	消费金额	支付方式	账单号	收银员	备注
1 月 2 日																			
1 月 2 日																			
				日小计：	挂账	¥0.00	银行卡	¥0.00	现金	¥0.00	信用卡	¥0.00			房间消费	¥0.00		日收入总计：	¥0.00
登记日期	宾客姓名	房号	数量	房价	市场来源	销售模式	入住时间	离店时间	天数	现付金额	其他支付金额	付款方式	预授权完成	消费种类	消费金额	支付方式	账单号	收银员	备注
1 月 3 日																			
1 月 3 日																			
				日小计：	挂账	¥0.00	银行卡	¥0.00	现金	¥0.00	信用卡	¥0.00			房间消费	¥0.00		日收入总计：	¥0.00
……	……	……	……	……	……	……	……	……	……	……	……	……	……	……	……	……	……	……	……
				日小计：	挂账	¥0.00	银行卡	¥0.00	现金	¥0.00	信用卡	¥0.00			房间消费	¥0.00		日收入总计：	¥0.00
登记日期	宾客姓名	房号	数量	房价	市场来源	销售模式	入住时间	离店时间	天数	现付金额	其他支付金额	付款方式	预授权完成	消费种类	消费金额	支付方式	账单号	收银员	备注
1 月 31 日																			
1 月 31 日																			
				日小计：	挂账	¥0.00	银行卡	¥0.00	现金	¥0.00	信用卡	¥0.00			房间消费	¥0.00		日收入总计：	¥0.00
			月项小计：		挂账	¥0.00	银行卡	¥0.00	现金	¥0.00	信用卡	¥0.00			房间消费	¥0.00		月收入总计：	¥0.00

二、门店采购岗位数据采集

（一）门店商品采购及其模式

1. 门店商品采购

商品采购工作是企业主要的运营工作环节之一，也是重要的运营数据信息源之一。根据人们取得商品的方式、途径不同，商品采购可以从狭义和广义两方面来理解。

狭义的商品采购，通常是指企业采购部门根据需用部门的需求申请，完成提出采购计划、审核计划、采购谈判、进货打款等采购相关工作流程。狭义的商品采购主要是以货币换取物品的方式，通过购物采买等形式完成，可以说是最普通的采购途径。

广义的商品采购，是指除以购买的方式获取物品外，还可以通过租赁、借贷、交换等取得物品的使用权，以达到满足需求的目的。

基于以上的分析，我们得出门店商品采购的基本定义：商品采购是指实体门店基于采购、销售、服务等目的，购买商品或劳务的交易行为。采购进货行为包括寻找供应商、询价打样、谈判签约、交货收货等全过程。

2. 门店采购模式

（1）单店采购。

尽管连锁经营模式在商业的各个领域都被广泛地接受并应用，但是仍然大量存在单店的经营形式。单店采购定义是基于采购、销售、服务等目的，购买商品或劳务的交易行为。

一般单店采购有三种具体形式：如果是小规模单店，由单店的店长全权负责；如果是中等规模单店，由单店店长授权门店采购部门经理具体负责；如果是大规模单店，也可由各个商品部门经理具体采购。

（2）集中采购。

集中采购又称统一采购，是指企业在连锁经营架构的总部中设立专职采购部门，统一处理所有门店的采购需求，通常存在于连锁经营模式的企业中。这种方式能够较大幅度地节约采购成本，并且获得比较显著的价格优势。

（3）分散采购。

分散采购模式是连锁企业将采购权力下放至各个门店，由各个门店直接与供应商对接，完成本门店的采购任务。分散采购具备较好的灵活性，对市场变化的反应尤其迅速，能够很好地满足市场的需求。同时，分散采购也存在不易控制、没有价格优势以及采购费用高等劣势。分散采购模式有以下两种具体形式：完全分散采购与部分分散采购。

3. 几种采购模式的比较（见表 1－5）

表 1－5　几种采购模式的比较

采购模式	采购具体形式	主要特点
单店采购	店长 负责采购	商品采购的权力完全集中于门店店长，全权决定选择供应商，决定商品购进时间和购进数量，适用于小规模单店门店。

续表

采购模式	采购具体形式	主要特点
单店采购	采购部门经理负责采购	门店下设专门的采购部门，由采购部门的经理具体完成整个门店的采购工作，采购部门经理根据门店的销售情况决定商品采购事宜，适用于中等规模单店门店。
	各商品部门经理负责采购	在大规模单店门店，商品品类众多，单品数量极大，且商品部门细分程度比较专业，由各商品部门经理亲自决定采购事务是比较合适的。他们熟悉商品的进销动态，比较了解消费者的偏好，可以根据货架商品陈列情况和仓储情况灵活地进行商品采购决策，因此这种形式更为有效。
集中采购		企业在连锁经营架构的总部中设立专职采购部门，统一处理所有门店的采购需求。这种方式能够较大幅度地节约采购成本，并且获得比较显著的价格优势。集中商品采购是连锁门店实现规模化经营的前提和关键，只有实行统一采购，才能真正做到统一陈列、统一配送、统一促销策划、统一核算，才能真正发挥连锁经营的优势。
分散采购	完全分散采购	完全分散采购形式是连锁总部将采购权完全下放给各门店，由各门店自行灵活实施采购。它最大的优点是灵活，能对顾客的需求做出有效的响应，有利于竞争；最大弊端在于不能发挥规模采购的优势，不利于压低价格，不利于控制采购。
	部分分散采购	部分分散采购形式本质上是集中采购与分散采购形式相结合，对于常规性商品，地域差异不大，由总部统一采购；对于地方性的商品、季节性的商品、生鲜商品等实行分散采购，由门店自行完成采购任务。最大的特点是，既可以发挥集中采购的价格优势，又能够适应市场需求的变化。

（二）门店采购作业

采购基本环节包括确认需求、选择供货商、采购洽谈、跟踪管理四个步骤，如图 1－7 所示。

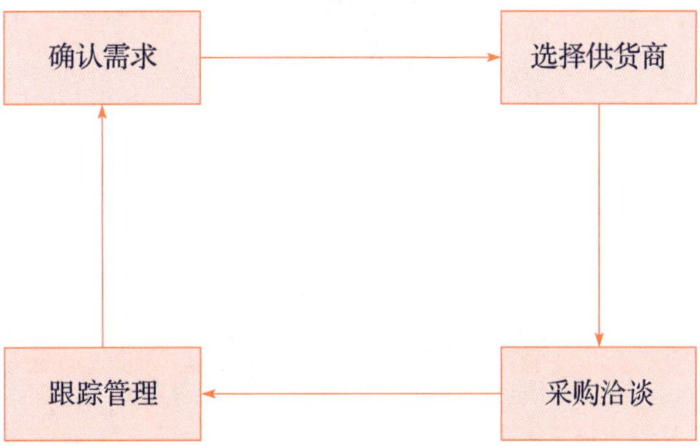

图 1－7 采购基本环节

（1）确认需求。在采购之前，应先确定采购什么，采购多少，何时采购，由谁确定等。

（2）选择供货商。根据采购商品需求说明及供货商选择一般原则选择最佳供货商。

（3）采购洽谈。决定可能的供货商后，进行价格谈判。价格谈妥后，办理订货签约手续。

（4）跟踪管理。在合同签订之后，跟踪合同的执行、采购商品的原材料品质和生产包装情况、配送和进货处理、款项的支付、违约行为的处理等后续工作。

（三）门店采购数据统计

1. 采购订货方法

实体门店采购订货的主要方法有四种：定期定量、定期不定量、定量不定期、不定期不定量。这四种采购订货方法各有特点，分别适用于不同的经营需求，如表 1－6 所示。

表 1－6　常见的采购订货方法

采购订货方法	主要特点
定期定量	就是预先确定一个订货周期和经济订货批量（EOQ），按预先确定的订货时间间隔（T）按期进行订货，补充固定量的商品。一般适用于具有销量稳定、进价波动小、易采购、可长期保存等特点的商品。
定期不定量	这是按预先确定的订货时间间隔（T）按期进行订货，以补充库存的一种库存控制方法，每隔一个固定周期检查库存储备量，根据盘点结果与预定的目标库存水平的差额确定每次订购量。适用于品种数量大、平均占用资金少、只需一般管理的商品。
定量不定期	这是预先确定一个订货点和经济订货批量（EOQ），随时检查库存，当库存量下降到规定的订货点时就立即提出订货。适用于品种数量少，平均占用资金大、需重点管理的商品。
不定期不定量	这实际上就是紧急采购，适用于临时发生的、具有迫切需求的商品。

直通职场

华为数据之道

2. 采购进货相关报表

（1）进货统计表（见表 1－7）。

表 1－7　门店进货汇总统计表

门店进货汇总统计表												
进货时间：												
货物名称	规格	生产日期	保质期限	进货总数	每件数量	单件重量	每件批价	单件批价	单件零售	单价差价	供销比率	供货单位及通信方式

（2）货品价格类别汇总表（见表 1－8）。

表 1－8 货品价格类别汇总表

便利店货品价格类别汇总表										
序号	货品名称	规格	单位	数量	进货价	总金额	售价	售货价	员工价	供应商
饼干点心类：										
小计										
膨化、速食品：										
小计										
糖果巧克力：										
小计										
核果蜜饯：										
小计										
饮料冰品：										
小计										
特产类：										
小计										
个人用品类：										
小计										
总计										

（3）门店进货质量数量查验记录表格（见表 1－9）。

表 1－9 进货查验记录表

序号	进货日期	产品名称	规格	数量	生产批号或日期	生产者	地址及联系方式	供货者	地址及联系方式	随货证明文件查验					入库检查		自检或委检情况	记录人	备注
										许可证（如有）	营业执照（如有）	购货凭证	该批产品检验报告	其他合格证明（如有）	外观检查	温度检查（如需）			

三、门店库管岗位数据采集

（一）库管单据分类

一个运营良好的门店必然有一个良好的仓储管理，而严谨规范的单据管理是良好的仓储管理的基础工作。

门店库管单据能体现材料、产品等所有进出记录及库存情况，要确保原始数据的准确性，避免错登、漏登或多登。单据管理的作用十分重要，可以帮助企业健全内部管理机制，规范财务会计管理工作，保证公司财产的安全和完整。

主要的库管单据有入库单、出库单、调拨单、退货单、入库验收单等。

1. 入库单

入库单是对采购实物入库数量的确认，也是对采购人员和供应商的一种监控，如果缺乏实物入库的控制，不能防止采购人员与供应商串通舞弊，虚报采购量、实物短少的风险。它是企业内部管理和控制的重要凭证，如表 1 - 10 所示。

表 1 - 10　入库单

供应商名称：　　　　收货日期：　　　　联系人：　　　　联系方法：

序号	商品条码	商品名称规格	包装规格	单位	数量	单价	金额	到效日期	备注
1									
2									
3									
4									
5									
						合计金额：		元	
合计金额（大写）：									
验货人：		财务：		经理：					

2. 出库单

出库单是商家之间、总部与门店之间、仓储部门和业务部门之间互相调货的凭证，是为了方便对账和结算，减少现金支付的一种手段。销售出库是为了适应主营业务需要、内部领用出库等行为，是出于主营业务之外的需要。出库单如表 1 - 11 所示。

表 1 - 11　出库单

年　月　日　　　　　　　　　　　　单号：

销售单位或出库部门				发出仓库		出库日期	
商品编号	商品名称	规格	单位	数量	单价	金额	备注
合计	（大写）						

制单：　　　　　　　仓管：　　　　　　　财务：

3. 调拨单

调拨单是记录商品在同一公司不同仓库之间移动的凭据，将减少调出仓库的库存，增加调入仓库的库存。调拨单也是确认商品在仓库之间流动的书面证明，是财务人员据以记账、核算成本的重要原始凭证。

调拨单分为同价调拨和异价调拨两种类型。同价调拨通常是商品只在内部仓库之间转移，商品的成本没有发生变化，不涉及金额的改变，俗称移库；异价调拨是指商品调拨过程中产生的运费、损耗或其他费用需要计入商品成本，或者针对加盟店实行的变相销售调拨导致调出单价和调入单价不一致。调拨单如表 1－12 所示。

表 1－12　调拨单

日期：　　　　　　　　　　　　　　　　　　　　　　　　编号：

商品名称	单价	数量	金额	原存放点	调拨目的地
库管员		接收人		财务核算	
分管经理		分管经理		分管经理	

4. 退货单

退货单一般用于企业进货的商品因错误或质量等问题而需退回供应商的情形。退货单一般含有：名称 / 货号、代号、数量、批号、备注、签章、日期和退货理由等。退货单是处理由于质量不合格、价格不正确等因素，或与销售订单或合同的相关条款不相符等原因造成销货单位将销售货物退回的业务单据。退货单如表 1－13 所示。

表 1－13　退货单

门店名称：

<table>
<tr><th>序号</th><th>名称 / 货号</th><th>代号</th><th>数量</th><th>批号</th><th>备注</th><td rowspan="10">一式三联：
仓库一联，
财务一联，
供应商一联</td></tr>
<tr><td>1</td><td></td><td></td><td></td><td></td><td></td></tr>
<tr><td>2</td><td></td><td></td><td></td><td></td><td></td></tr>
<tr><td>3</td><td></td><td></td><td></td><td></td><td></td></tr>
<tr><td>4</td><td></td><td></td><td></td><td></td><td></td></tr>
<tr><td>5</td><td></td><td></td><td></td><td></td><td></td></tr>
<tr><td>6</td><td></td><td></td><td></td><td></td><td></td></tr>
<tr><td>7</td><td></td><td></td><td></td><td></td><td></td></tr>
<tr><td colspan="6">退货理由：</td></tr>
<tr><td colspan="6">门店名称：</td></tr>
</table>

检验：　　　　　　　　　　日期：　　　　　　　　　　审核：

5. 入库验收单

货物入库验收是指仓库在物品正式入库前，按照一定的程序和手续，对到库物品进行数量和外观质量的检查，以验证它是否符合订货合同规定的一项工作。采购员在入库验收单上签字后将入库验收单交仓库验收，仓库验收入库后在入库验收单上签字，将财务联和采购联交采购员，并在系统中确认登账。通过验收不仅可以防止企业遭受经济损失，而且可以起到监督供货单位和承运商的作用，同时也可以指导保管和使用。入库验收单如表 1－14 所示。

表 1－14 入库验收单

订购单编号：　　　　　　编号：　　　　　　填写日期：______年____月____日

<table>
<tr><th rowspan="2">编号</th><th rowspan="2">名称</th><th rowspan="2">订购数量</th><th colspan="2">规格符合</th><th rowspan="2">单位</th><th rowspan="2">实收数量</th><th rowspan="2">单价</th></tr>
<tr><th>是</th><th>否</th></tr>
<tr><td></td><td></td><td></td><td></td><td></td><td></td><td></td><td></td></tr>
<tr><td></td><td></td><td></td><td></td><td></td><td></td><td></td><td></td></tr>
<tr><td>是否分批交货</td><td colspan="2"></td><td>会计科目</td><td></td><td>厂商供应</td><td></td><td>合计</td></tr>
<tr><td rowspan="2">检查方式</td><td colspan="2">抽样（____% 不合格）</td><td rowspan="2">验收结果</td><td rowspan="2"></td><td rowspan="2">检查主管</td><td rowspan="2"></td><td rowspan="2">检查员</td></tr>
<tr><td colspan="2">全数（____个不合格）</td></tr>
<tr><td rowspan="2">总经理</td><td colspan="2">财务部</td><td colspan="3">仓储部</td><td colspan="2">采购部</td></tr>
<tr><td>财务主管</td><td>核算员</td><td colspan="2">仓储主管</td><td>验收专员</td><td>采购主管</td><td>制单员</td></tr>
<tr><td></td><td></td><td></td><td colspan="2"></td><td></td><td></td><td></td></tr>
</table>

（二）库管单据作业流程

1. 收货流程单据作业

（1）供应商按照采购部门订单订货的品项和数量，将商品运至公司配送中心仓库。

（2）配送中心仓库根据门店需求和库存实际情况，决定配货方式：是从配送中心出库还是从别的门店调拨。

（3）配送中心发出调拨单或出库单，向门店配送商品。门店清点商品数量和品类，检验商品质量，填写入库验收单，登账入库。

（4）库房将入账信息传给配送中心（或供应商）对账，配送中心（或供应商）将入库信息连同采购订单传给财务室留存报账。

收货流程单据作业如图 1－8 所示。

2. 出库流程单据作业

（1）商品部门员工依据门店的退货标准确定退货商品，并清点整理退货品，手工填写退货单送至仓库保管、登记。

（2）库房工作人员保管退货商品，放置在退货库区，将退货信息录入系统生成正式的退货单和出库单，并将单据信息传给财务部门核销。

（3）退货单和出库单通过系统传给物流配送部门，通知供应商退回。

出库流程单据作业如图 1－9 所示。

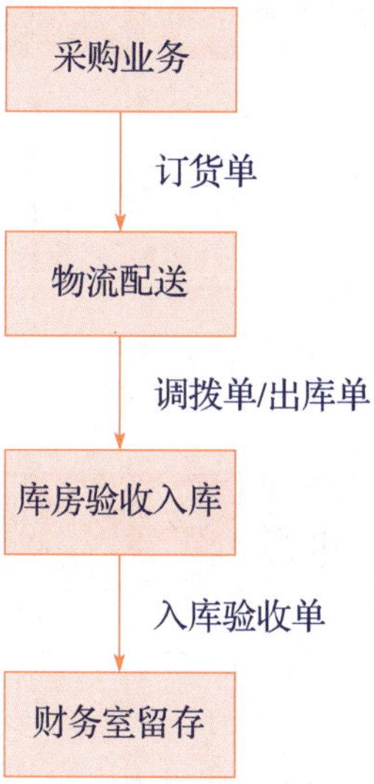

图 1－8 收货流程单据作业

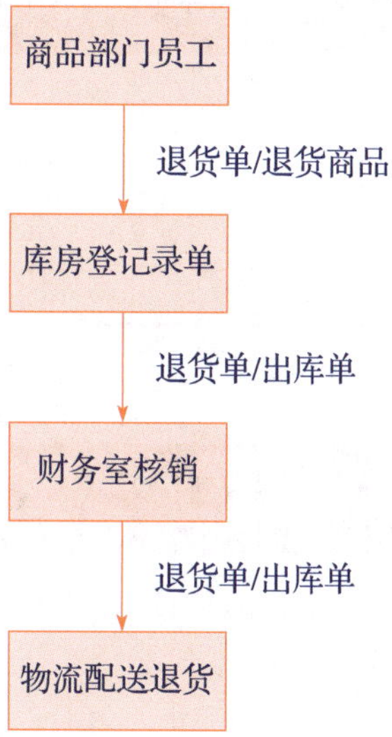

图 1－9 出库流程单据作业

（三）库存信息统计

在具体的门店库存管理工作中，库存管理要服务于不同的经营需求。不同的经营需求会产生不同的库存管理需求，进而依据不同的数据分析服务于企业经营运作。

很多企业经营目标过于狭隘，目光局限于追求高额的销售和利润，容易忽略日常的库存管理，结果造成商品库存大量积压的情况，形成经营资金呆滞，影响门店的周转和商品的闲置，造成经营成本的损耗，为门店后期的运作和发展带来不利的影响。

在门店的库存管理工作中，我们通常利用一系列库存管理报表体系，掌握库存变化的动态，合理控制库存，适量订货，有效避免超储或缺货，减少库存空间占用，加快资金周转率，提高门店的运营能力。

主要的库存管理报表有库存统计月报表（见表 1－15）、库存盘点月报表（见表 1－16）、理货清单（见表 1－17）、库存异常商品管理报表（见表 1－18）等。

表 1－15 库存统计月报表

<table>
<tr><td>开始时间</td><td></td><td>结束时间</td><td></td><td colspan="5" rowspan="2">库存统计月报表</td><td rowspan="2">入库金额</td><td rowspan="2"></td><td rowspan="2">销售金额</td><td rowspan="2"></td></tr>
<tr><td>门店</td><td colspan="3"></td></tr>
<tr><td rowspan="2">序号</td><td rowspan="2">产品编号</td><td rowspan="2">产品名称</td><td rowspan="2">规格型号</td><td rowspan="2">单位</td><td>上月结存</td><td colspan="2">本期入库</td><td colspan="2">本期销售</td><td colspan="2">本期调库</td><td>本期结存</td></tr>
<tr><td>数量</td><td>数量</td><td>金额</td><td>数量</td><td>金额</td><td>收入</td><td>发出</td><td>数量</td></tr>
<tr><td>1</td><td></td><td></td><td></td><td></td><td></td><td></td><td></td><td></td><td></td><td></td><td></td><td></td></tr>
<tr><td>2</td><td></td><td></td><td></td><td></td><td></td><td></td><td></td><td></td><td></td><td></td><td></td><td></td></tr>
<tr><td>3</td><td></td><td></td><td></td><td></td><td></td><td></td><td></td><td></td><td></td><td></td><td></td><td></td></tr>
</table>

表 1-16　库存盘点月报表

盘点日期：

序号	零食小吃	数量	饮品	数量	酒水	数量	蔬菜水果	数量	日常用品	数量	其他杂货	数量
1												
2												
3												
4												
5												

表 1-17　理货清单

产品名称	规格	颜色	生产厂家	供货商	统计单位	昨日库存	今晨盘点	打烊盘点	今日进货	今日销售	统计时间	理货员	备注

表 1-18　库存异常商品管理报表

商品	编码	库存余额	库存金额	问题类型					问题描述	原因分析	商品部门意见	门店店长意见	备注
				高库存	不动销	滞销	负毛利	负库存					
部门负责人：				门店负责人：					库管负责人：				

实例分享

波司登连锁门店的数字化蜕变

一、坚定数智战略，贴近业务需求

如果说数字化是未来企业的趋势，那么企业能否解答数据问题，则是企业能否在数字化之战中占据一席之地的关键。2019 年 12 月，波司登首次把数据中台提上议程，并于 2020 年 4 月正式启动。对于波司登来说，这是大势所趋，也是水到渠成。

二、销量预测：智能预测销量，动态调节库存

从导入期（新品上市）到成长期、成熟期，及最后的退市期，销量预测贯穿商品全生命周期。

为了以更精准的库存覆盖更全面的需求，减少库存积压，提升售罄率，项目组搭建了“智能销量预测”：小到预测每一阶段每个款型、尺码的销量，大到预测单个渠道的总销量，实时输出结果，并以此为依据进行调补货、下单生产、营销促活等商品洞察和运营动作。

谈到销量预测的智能之处，企业相关负责人透露：“羽绒服这个品类和大的时尚行业不太一样，波司登综合了气温、节日、折扣、店态（大众店、旗舰店、奥莱店等）、渠道、历史销量等多个影响因子，与阿里云、奇点云共同合作完成了一套匹配波司登自己品牌产品的预测算法，并不断迭代精进，让销量预测越来越准。”

三、库存一体化：共享全国库存，自动调货补货

2020 年，波司登全国货权收归总部进行管理，形成了一个巨大的虚拟库存，对总部的管理水平、响应速度和精确度也提出了更高的要求：如何让仓与店之间的库存调配更及时、准确、高效，同时降低调补货成本？如何从全国一体的角度考虑，降低库存积压，提升售罄率？

打通多级库存数据后，以一体化库存为基础，项目组创新搭建智能调补货系统，自动化提供调货、补货建议，实现了仓库、门店调补货 100% 自动化。

同时，基于数据中台的计算能力和经优化重构的算法模型，补货调货的计算性能与准确度大幅提升。原先需要约 4 小时才能完成全国 4 000 家门店的补货动作，现在只需要 1 小时。

四、在商品智能管理领域，波司登数据中台也大显身手

目前，波司登已在全国 1 300 家门店实现了精细化的商渠匹配，短短 4 个月时间内，首铺准确率提高了 79%，未来还将逐步打造“千店千面”；从 0 到 1 建立了销量预测的自动化体系，准确率达 70%，并仍在不断迭代提升；调补货实现 100% 自动化，拉补效率提升 60%；库存售罄率提升 10%。

从战略蓝图到业务目标，从小步快跑到迭代升级，波司登这家历史 45 年的大型传

统服装企业，走出了一条教科书式的数智化转型之路。在新冠肺炎疫情的冲击下，波司登依旧坚定数智战略，站稳脚跟大胆迈进，展现了其远见、决心和45年来从未停止的创新力，而其逐渐深厚的一方数智能力亦以降本增效的喜人成绩来回应。

资料来源：梁程敏．4个月打造1 300家数字化门店，波司登如何完成从0到1的蜕变．(2021-02-03)［2021-05-10］. https://new.qq.com/omn/20210203/20210203A0B7WV00.html. 节选有删改．

四、门店智能供应链数据采集及应用

（一）数字经济新零售时代门店的供应链发展

1. 数字经济

数字经济作为经济学概念，是指人类通过大数据（数字化的知识与信息）的识别—选择—过滤—存储—使用，引导、实现资源的快速优化配置与再生，实现经济高质量发展的经济形态。数字经济作为一个内涵比较宽泛的概念，凡是直接或间接利用数据来引导资源发挥作用，推动生产力发展的经济形态都可以纳入其范畴。在技术层面，包括大数据、云计算、物联网、区块链、人工智能、5G通信等新兴技术。在应用层面，“新零售”“新制造”等都是其典型代表。

2. 新零售

新零售是指企业以互联网为依托，通过运用大数据、人工智能等先进技术手段，对商品的生产、流通与销售过程进行升级改造，进而重塑业态结构与生态圈，并对线上服务、线下体验和现代物流进行深度融合的零售新模式。线上线下和物流结合在一起，才会产生新零售。线上是指云平台，线下是指销售门店或生产商，新物流消灭库存，减少囤货量，即传统O2O模式＋大数据＋传统零售＝线上＋线下＋物流＝新零售。

3. 新零售条件下的门店供应链发展原理

新零售要掌握的“流量”包括客流、资金流、货物流、信息流。新零售的本质不仅在于为消费者提供价值，占据更宽零售渠道，还在于为上下游企业提供集成更深的供应链优势。

从为消费者提供价值的角度来说，实体商超店的零售竞争策略最终还是要回到“低利润，高周转”的竞争本质中，在定义了消费者、消费场景、为消费者提供什么样的体验之后，如何使用“数字化智能供应链系统”支持这种体验，就变成了企业经营落地的任务，即商业模式→供应链策略→供应链配置→供应链运营，并以持续的供应链优化来更好地应对变化。

新零售的供应链管理，既要借鉴传统零售供应链管理的最佳实践，也要强调技术的创新，大数据分析、机器学习预测、运筹学优化都是能够为新零售供应链创造巨大价值的技术手段。例如仓网布局的测算、安全库存水平的设置、企业主计划的优化生成、送货员的订单指派、运输线路的设计、车辆与需求的实时对接，都需要综合使用以上技术。

新零售供应链的目标是支持零售的本质，即以合理的成本带来更好的售卖体验。因此新零售供应链的要求是为目标消费者提供极致的体验。

（二）供应链物流补货模式

传统商超供应链结构中更强调采购，是由门店预测补货商品及数量，再由门店下单给物流中心，物流中心再给门店补货；大卖场业态下会存在仓库，便利店业态下没有仓库，更强调立即配送。如图 1－10 所示。

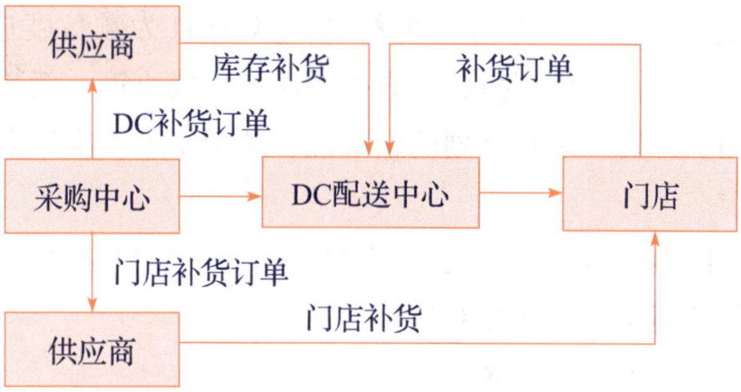

图 1－10 供应链物流补货模式

供应链物流补货模式下，要求商超门店具备极强的补货预测能力、计划能力，而往往门店补货这方面的能力相对较弱，就会造成一系列的供应链缺失；另外，物流配送以在库配送模式为主，根据门店订单，从物流中心仓库中进行拣选，整托盘、整箱、大量拆零等拣选作业，尤其拆零能力被看重。

随着传统商超门店数量增多，物流中心需要越来越大的仓库面积。

新型供应链结构中不再是通过大量囤积库存来满足门店订单，最大的特征就是不断加大物流越库作业比例体系，如图 1－11 所示。

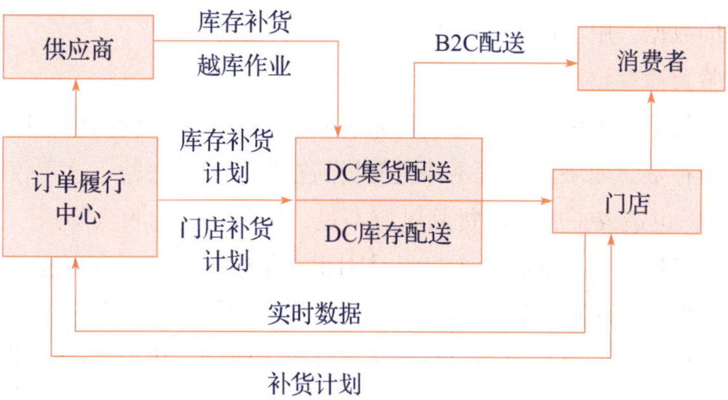

图 1－11 新型供应链结构

（三）数字化智能补货的实现逻辑

无论是线上还是线下场景，无论是餐饮还是零售，打造供应链壁垒成为首要目标，而智能盘点、补货正是其中的核心。由此，以最优化的供应链库存来满足客户的需求是一个企业业务核心之一，如何降低渠道库存，如何消除牛鞭效应，如何降低库存成本、存储成本和店间调拨成本，如何得到精确集成的需求信息，如何加强预测准确性，如何减少缺货和积压产品折价风险，都将成为一个公司区别于其他竞争对手的关键要素。

盘点与补货这一环节其实起到了连接上游（仓储、物流）和下游（门店、货架）的“桥梁作用”。门店销售模型预测、库存预测、采购预测，如基于历史销量、日期、节日、商品、促销、仓库、销售终端等多种特征，以SKU为颗粒度进行未来销量预测。打造“数据获取—数据分析—模型搭建—数据预测—智能决策—新数据融入”完整数据闭环，提高销量预测、订货和出货计划的精准性，减少了人工决策带来的偏见，平衡了商品产量与市场需求。

企业可以利用AI、BI等数据技术，在大量数据中发现和模拟时间序列的内在模式，从而实现对未来销量的预测，为智能补货打下基础。

1. 智能补货的前提——数据收集

数据驱动决策的第一步是采集数据，在货架上植入传感器或者用摄像头拍照都可以采集数据。最初的补货做法是用打印机采集零售小票，但打印机采集的信息不够直观，需要多次清洗才能使用。每个便利店的小票格式各不相同，需要先把数据格式标准化，然后进行清洗和专名识别（NER），最后通过匹配数据库内部的商品数据库，对每个商品进行维度扩充并打上标签。

这种数据采集方式的另一个缺陷在于，它需要从头开始一点一滴积累数据，无法对门店后台数据库的数据进行充分利用。因此商超企业开始尝试直接接入供应商或第三方的数据库。

除了供应商或第三方后台的海量销售数据，数据还包括天气、地理位置、促销活动等上百个维度的数据，用于训练自动补货模型。

2. 智能补货及库存预测

对于连锁零售业态来说，各大连锁实体店面都会在每时每刻向供应链管理后台传输库存数据以用于补货。如果此时需要补充的货品在平台上已售罄，这不仅会损失平台的成交额（GMV），也造成了店内的货品供应不足，导致门店的收入降低。另一方面，如果为了最大化保障供应率，而将一大批货品囤积在集中仓中，则有可能导致某些货品长时间卖不出去，增加了库存周转时间和滞销率，降低了供应的效率。

因此，供应链补货的目标是通过供应方式（供应时间、供应数量、供应周期等）的决策达到仓库中需求和供给的平衡，使得仓库中货品的库存既可以最大化满足用户的需求，也能将库存周转时间控制在一定范围之内，保证供应的效率。供应链补货又称为库存平衡。

3. 数字化仓储补货预测

传统零售在线下渠道的数字化上投入的资源不多，导致许多需求预测全靠从业人员的“专家经验”。这种纯粹凭个人经验和感觉的预测方式使得供应链库存经常高企，同时又有很多爆品缺货。新零售带来的渠道数字化变革使得所有的预测和决策都“有数可循”，从根本上解决了“人治”带来的诸多困难和不确定性，使得完全通过数据驱动的需求预测和智能补货成为可能。

在机器学习的范畴，需求预测是一个典型的“回归”（Regression）问题。算法可以通过历史数据，以真实销量作为数据样本，不断调整模型参数，自动地学习到预测的最优解。需求预测的总体方法也是以机器学习模型作为主线的不断迭代。

通过大数据及智能算法，使得平均缺货率下降 10% ～ 15%，库存下降 10%。无论是消费者体验，还是物流成本，都得到了很好的优化。

有了大数据及算法的能力积累，可以进行科学合理的供应链规划，平衡产能，减少库存，缩短平均运输距离。但并不是所有数据都从智能补货来输出或者决定，在整个补货建议输出的过程中，还有其他系统的关键数据输入。

单元二 2

周边商圈与推广渠道分析及监控

案例导入

关于“肯德基”选址的商圈调研

肯德基是美国跨国连锁餐厅，也是世界第二大速食及最大炸鸡连锁企业，隶属于百胜餐饮集团。

肯德基对门店选址非常重视。在进入每个城市之前，肯德基会先收集该地区的资料，然后根据这些资料规划商圈。商圈规划考虑的因素包括：商圈居民数量、办公人群数量、大型商场、特殊元素（医院、旅游景点、交通枢纽等）。根据不同的因素进行组合，确定商圈的类型。这些商圈类型经过肯德基多年的积累已经较为准确，肯德基正是通过这种商圈分类对开设门店进行选择。

肯德基力争在人群最集中的地方开店。为此，在商圈确定之后，调查人员接着要考察商圈内最主要聚客点在哪里、人流动线是怎样的。例如，北京的王府井是热闹的商业区，但并不是王府井的每一个地点都会是聚客点；在某个区域内，人从地铁出来后往哪些方向流动，每个方向的人流量是多少。针对这些问题，调查人员需要如实地掐表测量。然后，再将采集到的客流量数据以及相应的捕获率数据进行计算，就可以测算出在此开店的前景及最高投资额是多少了。

在北京，肯德基根据自己的商圈调研与规划，成功地开设了 300 多家餐厅。由此可见，企业要想获得成功，商圈调查是必不可少的重要环节。

资料来源：成功的销售案例精选［OL］.（2020-04-28）［2021-05-10］. https://www.diyifanwen.com/lizhi/chenggonglizhi/1029931.html.（有改编）

思考：

1. 肯德基是如何进行商圈规划的？
2. 商圈调查的作用与意义有哪些？

数字化的影响几乎遍及所有行业，特别是零售业。从信息化到数字化，数据是关键：任何决策的制定，无论是门店的选址，还是门店运营推广，都需要数据的支撑。数据可以帮助零售门店洞察目标消费者的需求，更好地提供“以消费者为中心”的服务，为消费者带来最佳的购物体验。

门店选址、运营等决策需要的数据很多，本单元介绍商圈数据的采集，具体包括：线下商圈数据和线上渠道数据。

一、商圈调研岗位基本作业

（一）商圈

1. 商圈的概念

商圈是以门店为中心，沿着一定的方向和距离扩展，能够吸引到顾客的辐射范围（见图 1－12）。简单地说，商圈就是门店顾客所在的地理范围，门店的顾客都位于这个辐射范围内。从这个意义上说，商圈不仅代表着门店能够吸引顾客的空间范围，也代表着门店顾客到门店消费的时间和空间距离，同时还代表着门店运营行为引发的顾客购买习惯。

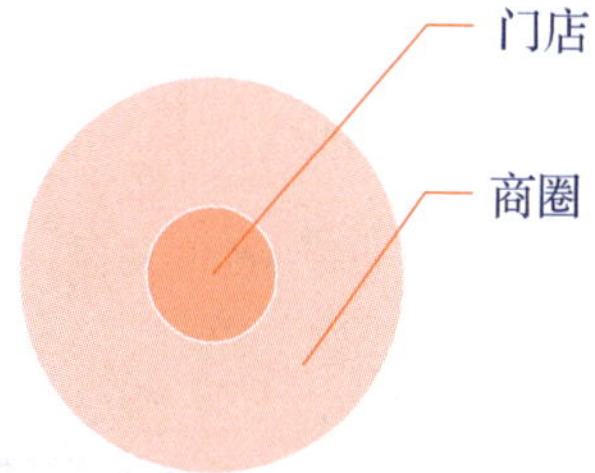

图 1－12 商圈示意图

2. 商圈类型

门店位置不同，商圈消费群体与消费特征也不尽相同。根据门店所处的位置及特征，商圈可以分为商业区商圈、住宅区商圈、文教区商圈、办公区商圈和混合型商圈。

3. 商圈界定

对于门店来说，理论上可以吸引以门店为中心的任何方向的顾客，但不论哪个方向，吸引的顾客范围都是有限的，从而不同的商圈表现出不同的形状。商圈的界定包括商圈大小界定、商圈层级界定和商圈形状界定。

（1）商圈大小界定。

商圈的大小是指商圈吸引顾客的时空范围，表现为门店所能辐射的区域大小。商圈大小的影响因素很多，包括门店的经营特征、竞争者状况、交通地理情况和消费群体特征。这些因素对商圈大小的影响如图 1－13 所示。

（2）商圈层级界定。

商圈是由顾客的购买行为和门店的经营能力决定的。根据距离门店的远近及购物者对门店的贡献，商圈可以分为核心商圈（也称主要商圈、基本商圈）、次级商圈和边缘商圈，如图 1－14 所示。

核心商圈是指接近门店并拥有高密度消费群的区域，购物者通常占门店顾客的 50% ～ 70%，销售额一般占 60% ～ 70%；次级商圈的购物者占 15% ～ 25%，销售额占 20% 左右；边缘商圈的购物者较少，销售额仅能占到 10% ～ 15%，甚至更少。

门店的经营特征

- 业态：如超市的商圈大于便利店
- 商品种类：种类越多，商圈越大
- 门店促销：促销越多、力度越大，商圈越大

竞争者状况

- 竞争者位置越靠近，商圈越小
- 竞争者数量越多，商圈越小

交通地理状况

- 交通越便利，商圈越大
- 山川河流越多，商圈越小

消费群体特征

- 消费者对距离越不敏感，商圈越大
- 消费者流动性越大，商圈越大

图 1－13　商圈大小影响因素

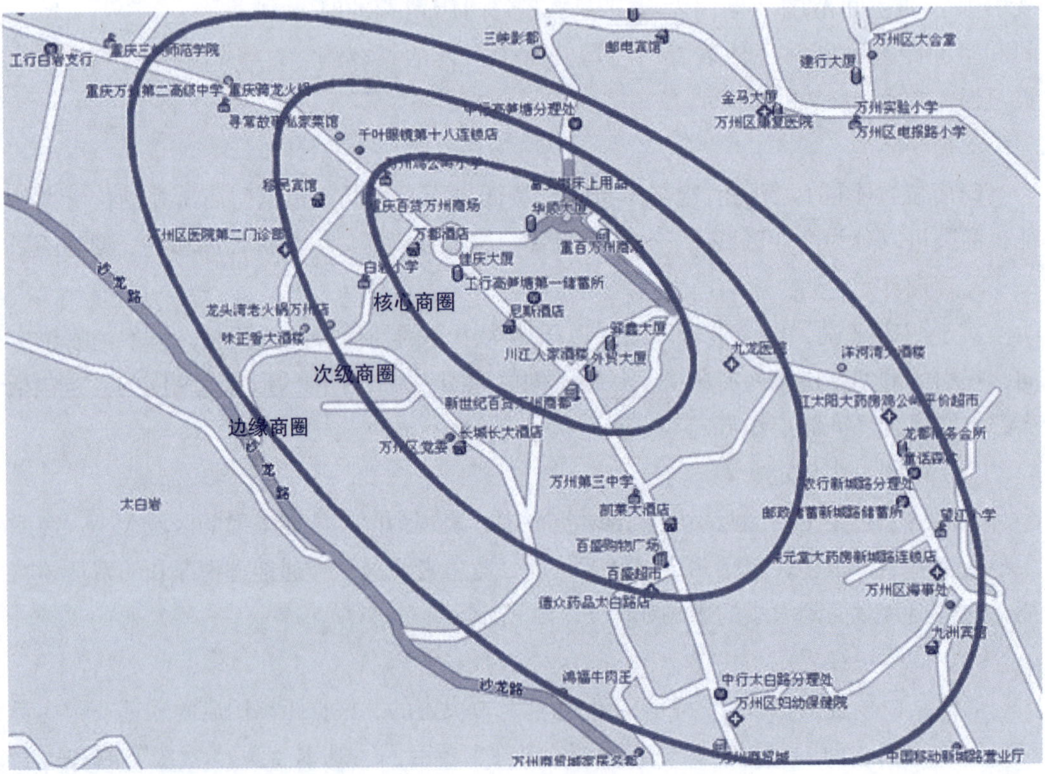

图 1－14　商圈层级

同样，各级商圈的大小也受门店业态、经营状况、竞争者状况、交通地理状况和消费群体特征等的影响，不同规模、不同位置门店各级商圈大小不一样，同一门店不同时期各级商圈大小也不一样。如便利店、社区超市和综合超市各层级大小都不相同，如

表 1－19 所示。

表 1－19 不同业态门店的商圈层级大小

层级 业态	核心商圈	次级商圈	边缘商圈
便利店	200 米以内	200 ～ 500 米	
社区超市	500 米以内	500 ～ 800 米	
综合超市	500 米以内	500 ～ 1 000 米	1 000 ～ 1 500 米

（3）商圈形状界定。

理想的商圈形状是以门店为中心、一环套一环的同心圆形状，如图 1－15 所示。然而，由于地理、交通便利、竞争者等因素的影响，真实的商圈并不呈现为同心圆形状。图 1－16 为考虑河流、山脉、海岸线等地理因素的不同层级商圈形状，表现为不规则同心多边形。图 1－17 为考虑交通状况的不同层级商圈形状，表现为不规则多边形。

事实上，真实的商圈，其核心商圈、次级商圈与边缘商圈大小与形状取决于顾客到该网点购物的实际概率，而非单纯的地理距离。

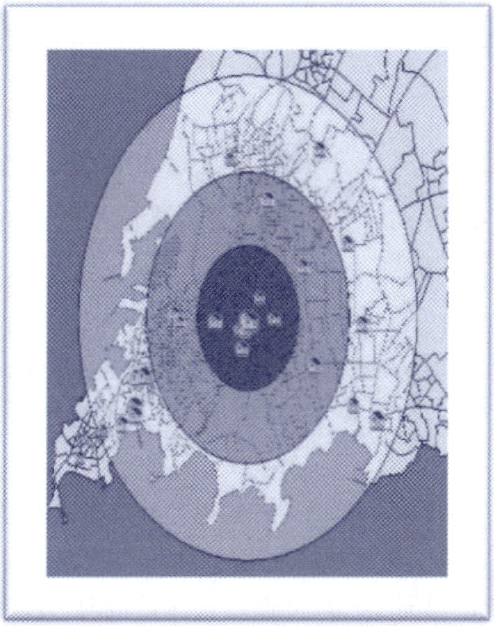

图 1－15 理想的商圈形状

图 1－16 不规则同心多边形商圈

图 1－18 为综合考虑各影响因素的真实的商圈形状。

从图 1－18 中可以看出：核心商圈、次级商圈和边缘商圈不再呈现为同心多边形形状，即使是同一级商圈，也不一定呈现为一个整体，而是分散割离，各级商圈形状甚至没有规律可言。在山地、丘陵等地区，商圈甚至不再是平面，而是呈现出立体结构，即位于这些地区的门店，顾客不仅来自平面的四面八方，还来自空间的上上下下。

图 1－17　不规则多边形商圈

图 1－18　真实的商圈形状

（二）商圈调研步骤

商圈调研步骤如图 1－19 所示。

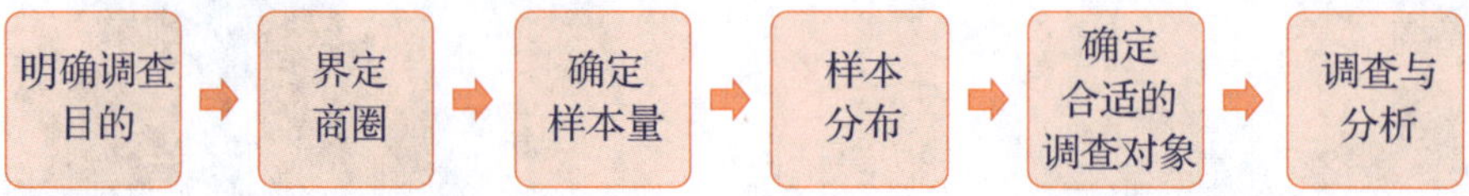

图 1－19　商圈调研步骤

1. 明确调查目的

商圈调查的目的很多，如门店选址决策、门店经营策略制定与调整、顾客满意度调查等。每次调查都应有明确的调查目的。

2. 界定商圈

根据门店的位置、周边地理交通、业态、顾客来门店的合理距离和经验等来确定商圈的范围、形状与层级，对商圈进行界定。例如，根据顾客来店的时间，以门店为原点，可分为步行 15 分钟的范围、骑车 15 分钟的范围、公共交通 15 分钟的范围、自驾车行使 15 分钟的范围等。

3. 确定样本量

根据调查的目的，保证门店和调查的品类等所研究的问题有足够的样本量。

4. 样本分布

抽样的方法很多，通常采用随机抽样：把商圈划分为更小的抽样区，分别进行调查；抽样区可能表现为街道、社区、小区等；根据实际情况为每个抽样区分配样本量；每个调查区的第一个样本为随机抽样等。

5. 确定合适的调查对象

根据调查目的，确定合格的被访者。例如，母婴店的商圈调查对象为有婴儿的母亲或者家庭；彩妆品类消费者调查最好选择彩妆使用者。

6. 调查与分析

根据以上步骤确定的调查目的、调查范围、调查对象进行商圈调查，并对调查结果进行科学分析。

（三）商圈调研内容

对商圈的构成情况、特点、范围以及影响商圈规模变化趋势等因素进行实地调查和研究分析，可为选择店址、制定和调整经营方针与策略提供依据。商圈调研的主要内容有商圈内人口特点、经济特点、竞争状况和市场饱和度等。

1. 商圈内人口特点

不同商圈层级的顾客对门店的贡献不同。零售门店通过商圈调研洞察自己的顾客，知晓他们是从哪里来、什么时候来、怎么来，从而实现对顾客精准管理：为顾客提供精准商品和精准服务。

门店商圈人群可分为固定人口与流动人口，固定人口为商圈内居民或在商圈内工作人群，流动人口则指从门店经过的非固定人群。

（1）商圈固定人群调研。

门店需要知道商圈内有多少人、多少家庭；商圈内人群具有什么特点，如年龄分布、性别、收入分配、受教育程度等；哪些人会是门店的核心商圈顾客；数字媒体习惯偏好怎样。

实例分享

零售商 A 对购物者特征的调研结果与分析

零售商 A 通过商圈调研获得商圈内固定人群的特征：收入情况、家庭情况等，如表 1－20 所示。

表 1－20 零售商 A 的购物者特征分析表

购物者特征		占城市总家庭户比例（%）	占城市消费比例（%）	市民消费指数	占零售商 A 家庭户比例（%）	占零售商 A 消费比例（%）	零售商 A 购物者消费指数
月收入（元）	601 ～ 1 000	12.82	10.65	83.03	9.20	8.06	87.55
	1 001 ～ 1 500	18.71	18.62	99.51	18.93	15.16	80.13
	1 501 ～ 2 000	23.17	22.41	96.74	16.05	16.70	104.05
	2 001 ～ 3 000	24.60	25.30	102.84	30.35	34.77	114.57
	3 001 以上	18.26	20.68	113.27	25.47	25.31	99.35

续表

购物者特征		占城市总家庭户比例（%）	占城市消费比例（%）	市民消费指数	占零售商A家庭户比例（%）	占零售商A消费比例（%）	零售商A购物者消费指数
家庭人口数（人）	1～2	18.14	14.15	78.01	12.94	10.15	78.48
	3	50.77	51.47	101.38	55.52	56.02	100.90
	4	15.98	16.32	102.11	12.45	10.55	84.75
	5	12.15	14.98	123.33	16.38	21.26	129.75
	6以上	2.96	3.08	103.92	2.71	2.02	74.51
拥有孩子的年龄（岁）	没有孩子	41.99	39.90	95.01	38.28	38.20	99.79
	0～4	6.01	5.36	89.38	11.51	13.79	119.82
	5～9	9.48	9.55	100.68	11.09	10.27	92.58
	10～14	19.98	19.09	95.55	15.03	18.62	123.91
	15～18	22.54	26.10	115.77	24.09	19.12	79.38

从表1-20中可以发现，零售商A的主要购物者群体特征：月收入较高（2 001元以上），这部分人群的消费占零售商A消费比例60%以上；购物者家庭结构主要为3口之家（消费占比56.02%）与5口之家（消费占比21.26%）。

（2）门店流动人口监测。

门店顾客除商圈内固定人群外，还有流动人口。对流动人口特征，门店通过监测不同时段人流总量、性别、年龄、职业等可以获得。

实例分享

上海南京路的永安百货

坐落在上海南京路的永安百货，其创办者郭氏兄弟当年在选择永安公司的店址时，颇下了一番功夫。1915年，香港永安公司经理郭泉，携港币50万元来到上海筹建永安公司。在上海繁华的闹市区南京路选好地方后，因把店址建在路南还是路北而犹豫不决。于是便派两个人分别坐在路南和路北，只要各自身边走过一个人，就往口袋里放一粒豆子。结果，路南的行人多于路北，郭氏兄弟就把永安公司的店址选在路南。由于永安公司的店址选得正确，以后该店虽历尽沧桑，仍然生意兴隆。

知识拓展

客流监测方法

客流监测的方法有三种：

第一种是通过红外线的方式统计人口，例如在超市门口安装监测设备，该设备除了防盗就是统计人数：统计有多少人进入门店。这种方法虽然智能，但是存在两点不足：一是同时多人进入，设备只统计为一人；二是不能区分方向，分辨不出顾客是进还是出。因此，这种红外线的方式精度较差，已经被淘汰了。

第二种监测客流的方式是利用视频技术，即在门口安装摄像头计算门店进入多少人，出去多少人；精度较高的设备还能识别进入与出来顾客的性别、年龄等。同样，因视频技术的局限性，这种客流监测方法也存在不足，不能做到100%的精确。

第三种监测方法是利用WiFi。只要顾客打开了手机的WiFi，门店就能监测到路过人数是多少、进店人数多少，还能知道顾客是第几次来、在门店停留时间等。

资料来源：中国连锁经营协会．零售数据分析与应用［M］．北京：高等教育出版社，2016.

2. 经济特点

商圈经济基础反映一个地区的商业和工业结构，是当地居民的主要收入来源。商圈调研常考虑的经济因素包括：各行业从业人员比例、运输网络、银行机构、经济周期波动对地区或行业影响的可能性、某些行业或企业的发展前景等。

3. 竞争状况和市场饱和度

（1）商圈整体竞争情况分析与调研。

对于某一既定商品而言，任何商圈都只能容纳一定数量的门店和营业面积，门店只有在分析了竞争状况之后才能正确评估某区域的市场机会。

商圈的竞争状况和市场饱和度分析与调研包括：现有门店数量与规模、新开店的发展速度、各门店的发展优势与劣势、近期与长期的发展趋势、市场现存饱和状况等。

（2）门店竞争对手分析与调研。

门店的竞争对手是指与本门店经营业态、经营品类或定位相似或者重复的门店。门店商品的品类设定、品类SKU安排与分布、价格定位等重大决策都需要对竞争对手进行细致而周密的调研。对主要竞争对手的调研包括：竞争对手客群及其消费水平、市场占有率、家庭渗透率、经营品类、SKU数量、品类毛利率、销售额、品类货架数量和经营面积等。

实例分享

零售商A商圈主要竞争对手调查结果分析

零售商A通过商圈调研发现，自己的购物者同时会选择其他商店购物，这些商店是商店1、商店2、商店3、商店4，如表1－21所示。从表1－21中可以发现，零售商A的购物者中，有44%的人会同时去商店1购物，因此商店1是零售商A的主要竞争对手。

表 1－21　零售商 A 的竞争对手分析

竞争对手	零售商 A			
	忠诚购物者（%）	有时购物者（%）	偶尔购物者（%）	所有购物者（%）
商店 1	44.00	58.85	46.89	48.23
商店 2	14.67	44.01	40.21	40.04
商店 3	14.67	25.52	36.80	35.00
商店 4	14.67	19.79	35.81	33.48

竞争商店 1～4 的市场占有率、家庭渗透率、忠诚度和消费指数如表 1－22 所示。从表 1－22 中可以看出，商店 1 的市场占有率不错（4.78%），但忠诚度不高（12.08%）；商店 2 的忠诚度最高（20.45%），但家庭渗透率最低（17.71%）；商店 3 的市场占有率最高（7.90%），主要来自其高家庭渗透率（42.2%）；商店 4 的消费指数最高（141），说明相比其他门店其高消费人群最多，但忠诚度最低（10.18%）。

表 1－22　零售商 A 商圈主要竞争对手市场占有率分析

竞争对手	市场占有率（%）	家庭渗透率（%）	忠诚度（%）	消费指数
商店 1	4.78	36.07	12.08	110
商店 2	3.68	17.71	20.45	102
商店 3	7.90	42.2	19.71	95
商店 4	3.18	22.20	10.18	141

资料来源：程莉，郑越．品类管理实战：第 4 版［M］．北京：电子工业出版社，2020.

（四）商圈与域内渠道匹配

门店的运营通常有相对稳定的商圈。门店因业态、定位、经营商品、经营规模、交通因素、地理位置、消费者行为与习惯、竞争状况等方面的不同，运营存在差异。门店的运营不能脱离自身情况，也不能脱离商圈，而是需要与商圈及商圈内的渠道匹配，商圈与渠道才能更好地为门店运营服务。

1. 商圈基本数据采集

通过商圈调研获得商圈的基本数据，包括商圈的基本特征、人口特征、经济情况、竞争与市场饱和情况等数据，以及商圈位置、类型、定位、交通状况、人口总量、性别、年龄与家庭结构、竞争状况等。

2. 商圈内渠道

渠道是指企业向消费者提供商品的途径。利用移动互联网技术，传统实体店可以突破所在商圈的地域限制，将覆盖和辐射范围拓展 3～5 倍，从而建立新的成本与利润平衡模式，获得新的发展活力。

门店所在商圈区域内渠道包括运营渠道和推广渠道，这两种渠道都有线下与线上之分，如表 1－23 所示。

表 1－23　域内渠道

渠道	线下	线上
运营渠道	实体门店：直营、加盟、代理、联营	电子商务 移动购物
推广渠道	传统媒体 户外广告 活动、传单、巡展	线上运营渠道推广 微博 搜索引擎 视频

（1）域内运营渠道。

1）线下运营渠道。线下运营渠道是指实体门店的运营渠道，包括直营、加盟、代理和联营。线下渠道的优势在于顾客可以直接接触、感受、体验商品，店员可以与顾客面对面地沟通、交流，精准地把握顾客需求，为其提供合适的商品，为顾客带来更真实、满意的购物体验。劣势在于受时间、空间的限制，不能随时随地为顾客提供服务。

2）线上运营渠道。门店的线上运营渠道包括电子商务和移动购物模式，具体如下：

自建 B2C 网上商城：这是电子商务按交易对象分类中的一种（企业对个人），即表示商业机构对消费者的电子商务。这种形式的电子商务一般以网络零售业为主，主要借助于互联网开展在线销售活动，即独立网店系统。很多门店都有自己的 B2C 网上商城，如王府井百货、银泰百货、天虹商场等。在 2015 年以前，实体零售企业发展线上渠道多采用自营自建的模式，最常用的方法就是自己建设一个 B2C 网站。B2C 网上商城具有门店把控能力较强、有利于品牌建设的优势，但现在 B2C 电商红利消失，B2C 网上商城面临流量较小、流量获取成本较高等难题。

自建 App 购物商城：App 指的是智能手机等移动设备上的第三方运营程序。门店通过 App 进行产品推广、传播与销售。王府井百货、永辉等众多门店都有自己的 App 商城。App 商城具有碎片化时间利用程度高、易于实现 LBS 的优势，但与 B2C 网上商城一样，存在流量较小、流量获取成本较高的问题。

与第三方平台合作：第三方平台包括电商平台淘宝、天猫、京东、苏宁易购等。沃尔玛、王府井、永辉等都纷纷与第三方平台合作，构建自己的非独立线上商城。这种方式可以与第三方平台共享客流，提升转化率。

线上渠道的优势在于打破了空间、时间的限制，理论上能为世界各地的顾客提供 24 小时服务，并且商品展示不受货架限制，可以无限量地展示陈列商品。作为一种虚拟购物模式，顾客只能通过商品详情、门店信誉、顾客评价等来购物决策，无法亲自体验商品。

（2）域内推广渠道。

1）线下推广渠道。线下推广渠道是传统门店的推广渠道，主要包括：传统媒体、户外广告，以及门店搞活动、发传单、做巡展。

传统媒体包括报纸、杂志、电视与广播。传统媒体最核心的优势在于其强大的内容生产力。但在信息发布的时效性与更新上有所逊色。

户外广告包括广告牌、海报等。户外广告是门店接触社区与商圈的有效方式。由于户外广告的曝光率非常高，人们经常采用相同的路线、方式出行与工作，因此是创造品牌认知度的绝佳媒介。

2）线上推广渠道。线上推广渠道主要包括：线上运营渠道推广、微博、搜索引擎、微信、视频等推广方式。具有传播范围广、交互性强、针对性明确、受众数量可准确统计、灵活成本低、感官性强、便利等特点。

3. 门店特征分析

门店匹配商圈，需要考虑自身特点，包括自身品牌定位、产品定位、价格定位、适合的人群消费能力、频次定位等。只有门店定位和商圈定位达到一定的匹配度，才能确定可否落店，不同的匹配程度对应不同的门店经营战略。

4. 门店落地商圈

结合商圈、商圈内渠道与门店特征，可以确定以下几点：

（1）门店顾客画像。作为一种勾画目标用户、联系用户诉求与设计方向的有效工具，顾客画像在零售行业得到广泛应用。门店需根据自身定位，精准寻找门店消费者群体，进行顾客画像，选择门店最重要的维度，例如：顾客职业、顾客消费习惯、行为与偏好（包括渠道偏好）、购买时间、品类等。这可以将用户的属性、行为与获得的数据转化联结起来，形成有代表性的门店主要受众和目标群体特征。如哈步数据根据消费者消费行为、习惯、购买品类种类、数量、价格与金额等信息，将零售门店顾客划分为六类：健康关注族、家庭采购族、促销狩猎族、年轻有孩族、新品尝鲜族、在家下厨族。通过顾客画像，将人、货、场景结合起来实施精准营销，如图 1－20 所示。

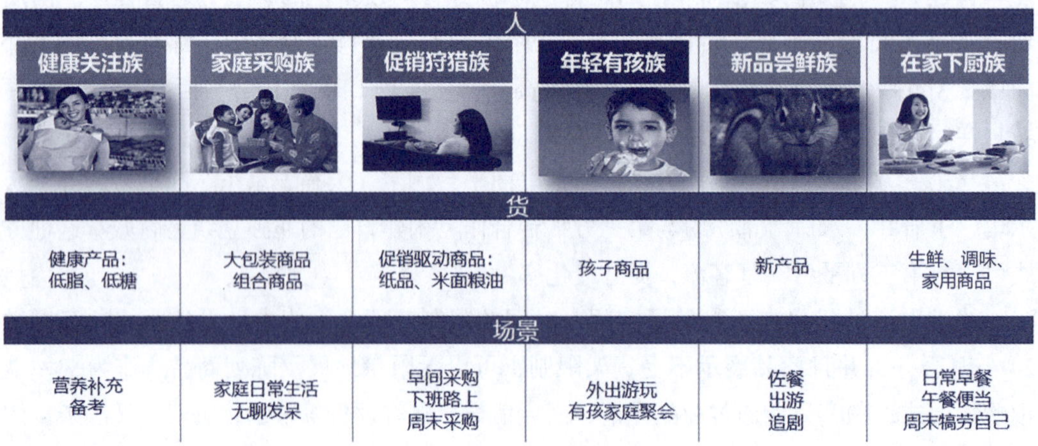

图 1－20　哈步数据的分类

（2）竞争对手分析。竞争对手是潜在的威胁，有时候可能给门店以致命的打击，有时候也可能是前进的动力。门店在商圈内寻找合适的对标商家，为门店的经营决策提供依据。对门店竞争对手进行调研，获取竞争对手信息，调研内容如表 1-24 所示。

表 1-24 竞争对手调研内容

调研类型	调研内容
基础类信息	月销量、人均价、营销活动、营业时间、距离位置等
评价类信息	商家评分、商家评论数、差评率、重点投诉问题、重点表扬优点等
热销商品类	热销产品名称、月销量、价格、优势特点等
渠道类信息	运营渠道、推广渠道、目标顾客渠道偏好等

根据竞争对手调研信息，进行竞争对手分析、定位竞争对手、评估商圈市场情况，如图 1-21 所示。

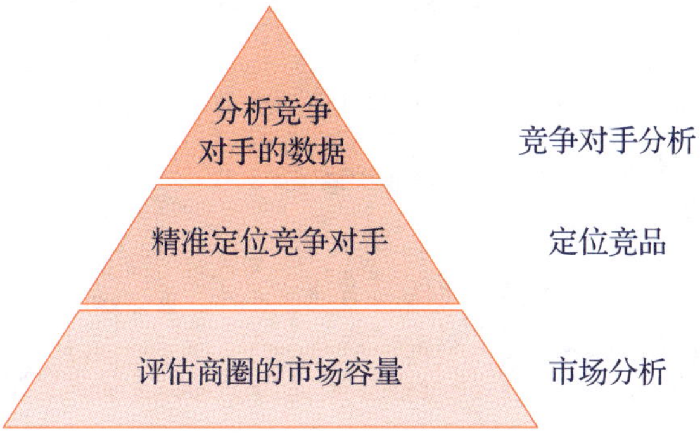

图 1-21 竞争对手调研

（3）经营策略制定与调整。结合门店顾客画像与门店竞争对手分析，制定与调整门店经营策略：

1）经营效益评估，衡量店址的使用价值，完善产品运营，提升服务质量。

2）精准营销，分析产品潜在用户，针对特定群体进行营销。

3）制定积极有效的市场开拓战略与渠道策略，不断延伸经营触角，扩大商圈范围，提高竞争力，提高市场占有率。

4）找出和竞争对手之间的差异，制定与调整经营策略。对手做得好的，弥补自身的差距，达到和对方差不多的位置；对手做得差的，提升自己优势，主动攻击对方的弱点。

5）适时发现差距与问题，适时调整、积极应对。

实例分享

炸鸡店落地商圈选择

1. 炸鸡店品牌定位

炸鸡店是以炸鸡、小食为主，主要消费群体偏年轻化，店面整体设计风格应比较时尚，在商圈的选择上要配合店面的大小和投资金额。

（1）60～100m² 及以上店面，适合在 A、B、C 类商圈进行选择，由于 A 类商圈内的租金要比其他商圈要高，所以可做参考，主要以 B 和 C 类商圈为主。

（2）20～40m² 店面类型适合在以上三类商圈内选址，可首选 A 类商圈。

2. 商圈定位（见表 1－25）

表 1－25　商圈定位

地区定位	一线城市	二线城市	三线城市	四线城市及以下
东北	※	大学城　商业广场	大学城　商业广场 商业街	商业街　美食城 市场
华北	大学城　美食城 商业街	大学城　商业广场 商业街	文教区　商业街	大型居民区　商业街 市场
西南	※	大学城　商业广场 小吃街	大学城　商业综合体 商业街	大型居民区　商业街 商超百货
西北	※	大学城　商业综合体	文教区　商业综合体	大型居民区　商业街
华东	大学城　美食城 商业街	大学城　商业广场	文教区　工厂区 商业区	大型居民区　商业街 商超百货
华中	※	小吃街　商业综合体	文教区　商业综合体 商业街	大型居民区　商业街 商超百货
商圈定位	**市级商圈**	**区级商圈**	**县级商圈**	**社区商业**
商业区	商业街 美食城商场	小吃街　商业综合体	商业街　商场	美食街
文教区	大学城　美食街	美食城　美食城	商业街	美食街
办公区	商业街　美食城	商业街　美食街	※	※
工厂区	美食城　美食街	美食街　底商	※	※
居民区	美食街　便民商超	大型商超　小吃街	小吃街	小吃街
综合区	商业街　美食街 商超百货	美食街　商超百货	美食街	美食街　小吃街

3. 位置定位

（1）可见：在选择店址的时候，常常遇到单层面积小，纵深很高的商圈环境。那么在选择的时候，应尽量选择在远处能看见门店 LOGO 或者到电梯口就能看见的位置，尽量避免很难看见的位置。在 A 类商圈中，主要以人流相对集中的地点，如十字路口、公交站等可见度高的店面为主。

（2）可达：顾客很容易就能到的位置，最好有直接的路线就可以到达。是否有阻碍？是否需要折返？路过是否可以停？这些都是考虑的要素。在非可达的店址，很容易发生客群在寻找的途中，被其他店拦截的情况。无论在哪一类商圈内选择新址，一定要处于人流主动线上。

4. 消费人群定位（见表 1－26）

表 1－26　消费人群定位

人群定位	7～17 岁的青少年人群	18～21 岁的学生人群	22～27 岁的打工族人群	28～33 岁的白领人群
价格定位	市级消费 12～20 元	区及消费 12～18 元	县级消费 10～15 元	社区消费 8～10 元
产品定位	精品路线	唯美路线	味美路线	多产品路线
竞品定位	分析竞品	竞品框架	竞品特性	关联要素
可见	地图可见	招牌可见	样品可见	宣传可见
可达	是否隔离	是否逆反	是否停留	是否阻碍
可得	产品特性	房屋用途	租赁期权	房产证明
可用	工程条件	房屋架构	政府批文	物业管理

5. 人流捕捉率测算（含竞品分析）

有了客流量之后，就要看捕获率，也就是进店人数除以路过的客流量人数（小吃类餐饮业值为 2%～4%，不计外卖）。进店客流，可以与同区域已开的店或类似的店比对，或者与竞争门店的客流比对，观察其销售和消费额，以此推断门店进客量。① 以同类或相似类业态为例，该店门前一天路过客流量为 5 000 人，进店消费客流量在 100～200 人，那么捕获率为 2%～4%，这就可以预估出未来店面一天进店人数。

综上所述，确定一家店的选址，一定要基于以下几步：

第一步，确定商圈数据资料来源，并评估其正确性和商圈客流分析、人均消费定位。

第二步，确定环境调查，覆盖门店周边 3～5 千米区域，人口居住量、办公量、人员年龄、消费频次、出行规律、消费能力等进行统计和分析。

第三步，对商圈基本设施、环境、租金、物业、集客程度、商铺入住品牌力等进行分析。

第四步，根据以上数据分析，结合自身投资能力，确定是否在商圈内营业，最后再确定落店的区域、地点和业态等。

二、门店线上推广与岗位基本作业

（一）门店与线上渠道匹配

门店可以选择的线上渠道很多，但由于门店业态、规模、资源的限制，不能也没有必要选择全部的线上渠道，而是结合自身特征与线上渠道特征，选择适合自己的线上渠道。

1. 线上运营渠道选择

线上渠道各有优劣，如表 1－27 所示。零售企业需要根据自身特征、擅长领域进行选择。

① 捕获率只能参考，即使经营同样品牌的店，只要换到不同的位置，捕获率也是有变化的。

表 1－27　线上运营渠道优劣势比较

运营渠道	自建 B2C 网上商城	自建 App 购物商场	与第三方平台合作	入驻微信平台
典型企业	王府井、银泰、天虹、新世界、百盛等	王府井 天虹	王府井 银泰	天虹 银泰
优势	对网站把控能力较强，有利于品牌建设	碎片化时间利用程度高，已实现 LBS	客流共享，提升转化率	流量相对充足，碎片化时间利用程度高，易实现 LBS
劣势	流量小，流量获取成本较高	流量小，流量获取成本高	来自供应商的压力较大	转化成本高

2. 线上推广渠道选择

除了在线上运营渠道推广，线上推广还可以在以抖音、小红书等为代表的内容电商平台，以微信、微博为代表的社交电商平台，采用视频、搜索引擎等方式进行。在进行推广方式选择的时候，零售企业主要考虑推广渠道关联度、用户群体特征等因素。

（1）根据关联度选择推广渠道。

门店在进行线上推广时，需要确定选择哪些平台来进行推广和运营。为此，门店需要先充分了解可以选择的推广平台：各有什么优势与不足，再根据用户群与各平台之间的关联度确定运营与推广渠道。

实例分享

腾讯社交平台优势分析

在各种运营平台中，腾讯社交平台所构成的社交网络已经为人们所熟知和普遍关注，由此拥有海量优质流量为运营提供极大优势，如图 1－22 所示。

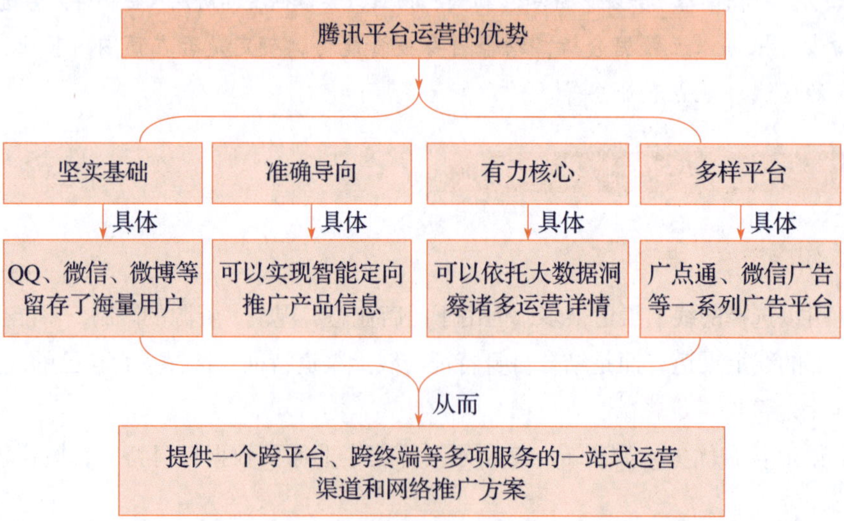

图 1－22　腾讯平台运营的优势

（2）根据目标客群精准画像选择推广。

在运营初期，目标客户是作为整体存在的，而这一群体中的个人又各有不同的基本属性，如年龄、性别、地域、职业和学历等，从而形成不同的顾客画像。在确定推广平台和推广方式时，门店还需要对自身用户群体按照不同的基本属性和行为进行不同层次的划分，形成精准顾客画像。再以顾客画像为依据，完成用户区分与聚集。在对用户群体精准分析并划分的基础上，选择不同平台进行推广。

不同内容平台聚焦不同的消费者。分析细分用户的媒体习惯和平台偏好，选择适合他们的推广方式。例如，哔哩哔哩弹幕视频网（Bilibili）的受众较为年轻。小红书的核心用户则是具有中高消费能力、追求小资生活的女性，尤其是都市白领女性。京东消费者以男性为主，占比约为60%。天猫消费者中家庭消费、白领、学生、公务员占比高于淘宝。淘宝与拼多多聚焦的用户及满足的用户需求基本相同：在用户构成上，拼多多用户的女性比例明显多于淘宝用户的女性比例，且拼多多用户中高年龄段用户和月收入水平较低的用户比例也会略高于淘宝用户。同时，在城市层级分布上，拼多多用户在三、四线城市所占的比例也会略高于淘宝用户……

实例分享

某企业不同客户群体的广告和信息投放

对用户群体进行区分和聚集。区分是先确定一个划分标准，再按照这一标准对顾客画像进行两大类的区分。聚集是先在区分的两大类中进行顾客画像的共性组合，再聚集用户，选择适合的行业平台。

店铺把客户群体分为A、B两大类，确定两类用户群体的特征。如运营者对A、B两类用户群体聚集后发现：A类用户群体对平台的付费贡献率最大；B类群体具有数量大却付费少的特点，且分布范围广、基数大、能吸引更多的人加入用户群体中。针对A、B两类群体特征，选择推广方式和投入如图1－23所示。

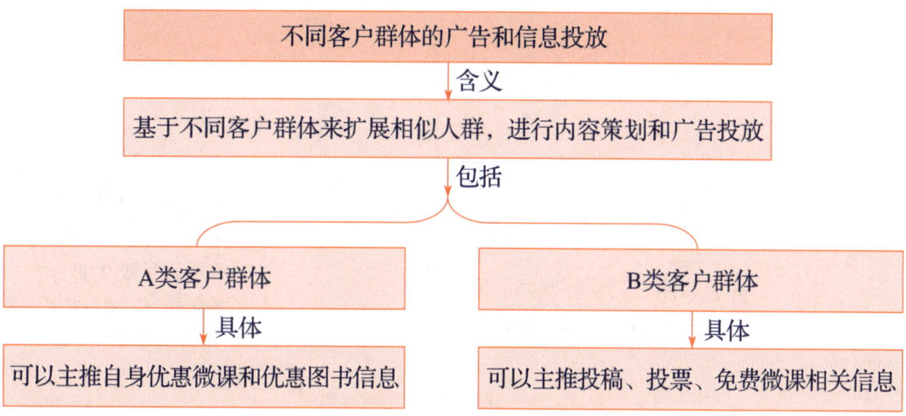

图1－23　不同客户群体的广告和信息投放

（二）门店线上推广岗位基本作业

1. 线上渠道发展概况

（1）零售业发展历程。

零售业是伴随着人类文明产生的。当人们以物换物时，零售业就已经存在了。从18世纪开始，零售业在发展进程中先后经历了四次革命，如图1－24所示。

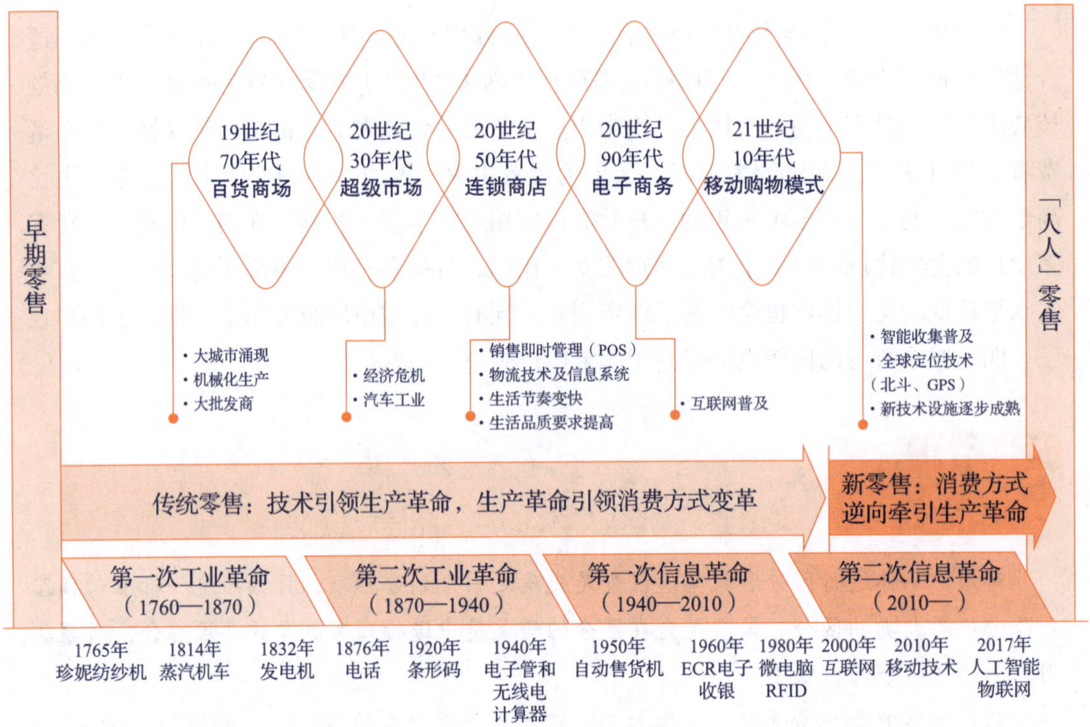

图1－24　零售业的发展历程

（2）零售渠道发展路径。

从零售业的发展历程可以看出，零售渠道的发展经历了四个阶段：一是单渠道购物阶段，二是多渠道购物阶段，三是跨渠道购物阶段，四是全渠道购物阶段，如图1－25所示。

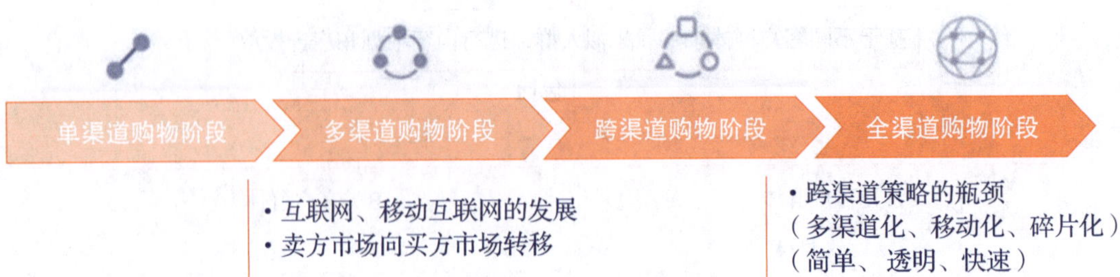

图1－25　零售渠道的发展路径

（3）从线下到线上。

1）电子商务与移动购物。

零售业的发展历史，伴随着渠道的发展变迁。从线下到线上，网络技术和数字化技术的发展对零售业的影响巨大。数字化打破了零售市场的时空界限，消费者从“进店购物”演变为“在家购物”再到“随时随地移动购物”，可以轻松、便捷地通过互联网和移动互联网完成过去要花费大量时间和精力的购物过程。

2）不变的零售本质。

对零售业来说，变革常在，创新常在。但无论零售怎么变化，零售的本质不变。无论是处在手工生产力阶段，还是机器生产力阶段，每次零售业的变革都是为了更好地提供三个基本功能：售卖、娱乐和社交。无论是集市贸易、百货商场、购物中心还是网上门店、移动门店都是如此，这三个基本功能是零售业永远不变的本质。零售的发展一直围绕成本、体验、效率这几个要素，不管过去、现在还是未来，都是如此。

因此，无论是厂商还是门店的渠道选择，都必须突出零售的本质。只不过由于市场供求环境、产品品牌、所处行业特征及定位等的不同，售卖、娱乐和社交的比例有所不同。例如，在旅游、演出等消费场景中，多以娱乐、社交为主，售卖功能为辅。在超级市场和百货中心等以购物为主的场景中，以售卖为主，娱乐、社交为辅。对于消费者而言，娱乐有时比购买商品更重要，在购物过程中更享受购买时的乐趣，这也正是日常消费中人们常常购买许多从来没有用过的东西也不后悔的原因。约上朋友一起去购物，也夹杂着社交的功能，这也是社交网站兼有售卖功能的重要原因之一。

（4）线下线上融合。

线下渠道的优势在于消费者可以直接接触、感受、体验商品，店员可以与消费者面对面地沟通、交流，精准地把握消费者需求，为其提供合适的商品，为消费者带来更真实、满意的购物体验。劣势在于受时间、空间的限制，不能随时随地的为消费者提供服务。

相较于线下渠道，线上渠道打破了空间、时间的限制，理论上能为世界各地的消费者提供24小时服务，并且商品展示不受货架限制，可以无限量地展示陈列商品。但作为一种虚拟购物模式，消费者只能通过商品详情、门店信誉、评价体系等来进行购物决策，无法亲自体验商品。

数字化的发展使线上渠道把人、货、场紧密地结合在一起，尤其是使场无处不在，可以突破时间与空间的限制，随时随地为消费者服务。消费者不再关心线上还是线下，只关心零售能否满足售卖、娱乐和社交的本质需求，追求更好的购物体验。数字化使得物理渠道和虚拟渠道之间的界限消失，零售企业仅凭单一渠道已经很难充分满足消费者的购物需求，多渠道推广与整合成为趋势与关键，零售进入全渠道时代。

在全渠道模式下，消费者通过各种社交媒体资源选择购物终端，不再依赖单一渠道，或者在 A 渠道选择商品，B 渠道触摸、感受、比较商品，C 渠道下单支付；或者线上搜寻线下购买。为此，传统零售巨头纷纷布局线上，或者与电商巨头合作，如苏宁入驻天猫、沃尔玛入驻京东等；或者开发自建网上商城与 App，如永辉超市。另一方面，线上巨头也纷纷布局线下，如阿里分别于 2014 年、2015 年、2016 年先后投资了银泰集团、苏宁电器和三江购物，京东商城 2015 年以来推出京东到家、入股永辉超市。

2. 线上渠道推广方式

线上渠道推广方式很多，主要有：App 推广、微信推广、搜索引擎推广和视频推广。

（1）App 推广。

App 是英文 application（应用）的简称，是安装在智能手机、平板电脑等移动设备上的第三方应用程序。据 CNNIC① 的调查统计，截至 2020 年 12 月，我国手机网民规模达到 9.86 亿，网民中使用手机上网人群的占比达 99.7%，手机上网网民比例不断攀升。截止到 2021 年 7 月底，我国国内市场上监测到的 App 数量为 291 万款。其中，本土第三方应用商店 App 数量为 155 万款，占比为 53.3%，苹果商店（中国区）App 数量为 136 万款，占比为 46.7%。这些 App 的类别包括游戏、日常工具、电子商务、生活服务类等，各类别占比如图 1－26 所示。

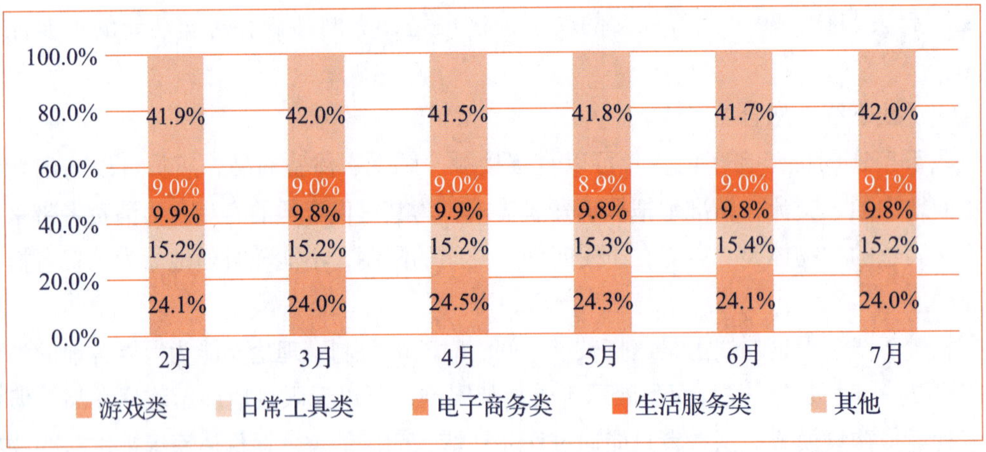

图 1－26　2021 年 2—7 月 App 分类占比

App 推广是指商家通过智能手机等移动平台上运行的第三方应用程序进行产品的推广、传播与销售，提升企业价值的活动。具有使用便捷、内容丰富全面、营销精准度高、客户忠诚度高、促进品牌建设、开发维护成本低等特点。

① CNNIC：中国互联网络信息中心。

App推广发展迅速，京东、淘宝、亚马逊、天虹、永辉等传统的线上线下零售企业纷纷推出自己的App。然而很多企业App的推广效果并不明显，表现在下载人数不多，用户使用次数少以及卸载率高等方面。App研发成功后如何吸引用户下载成为App推广面临的严峻问题。

（2）微信推广。

微信是腾讯公司2011年推出的一款即时通信软件。微信一经推出便受到用户的喜爱，用户逐年增长：2015年发展到200多个国家和地区，2017年12月注册用户达9.36亿，2018年3月，月活跃用户突破10亿大关，截至2020年底，微信月活账户数为12.25亿。

微信的出现，不仅改变了人们的沟通方式，更是改变了人们的社交方式、传递与获取信息的方式以及消费方式。首先，微信完全实现了随时随地的即时互动式社交，极大地增强了社交的便利性和经济性。其次，微信的出现，为人与人之间的信息交换提供了一个更加开放和自由的平台，改变了人们传递和获取信息的方式。最后，微信生态系统的构建与完善，人们通过微信即可完成对商品信息的搜寻与关注，买卖双方的互动与沟通，购买与支付以及进行商品评价与分享，改变了人们的消费方式。

微信推广的主要方式有：小程序、公众号、朋友圈。

1）小程序。

小程序是运行于微信之上的一种移动端应用，与App相比具有无须安装、触手可及、用完即走、无须卸载的优势。

2）公众号。

公众号分为订阅号和服务号：订阅号主要适用于信息的发布，服务号除了信息发布还可以提供各类简便的服务。公众号具有信息形式多样，便于阅读和分享，营销成本低，用户精准度高，方便与用户互动，积累用户数据等特点。

3）朋友圈。

“微信朋友圈的性质是基于社会网络的虚拟社区”，为人们建立和维持社会关系提供了一个虚拟场所。微信朋友圈是现实中的社会关系在网络环境、虚拟环境下的延续和体现。

朋友圈推广具有信息的沟通与交换较为及时、传播的速度与曝光率较高、信息传达的精准度较高、信息传播呈现半封闭性及信息传播成本低等优势和特点。

（3）搜索引擎推广。

搜索引擎一直是用户获取网络信息的重要工具，知名的搜索引擎有：谷歌（Google）、微软bing、百度、搜狗、360、搜搜等。CNNIC的调查显示，截至2020年6月，我国综合搜索引擎用户规模达7.66亿人，较2020年3月增长1 539万，占网民整体的81.5%；手机搜索引擎用户规模达7.61亿，较2020年3月增长1 542万，占手机网民的81.6%。如图1－27所示。

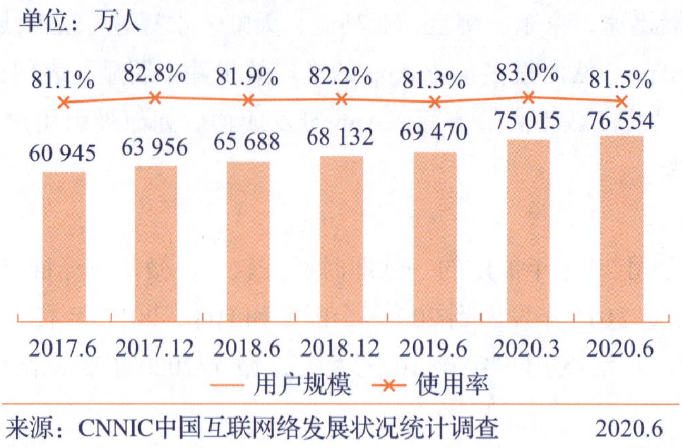

图 1－27　2017 年 6 月—2020 年 6 月综合搜索引擎用户规模及使用率（a）

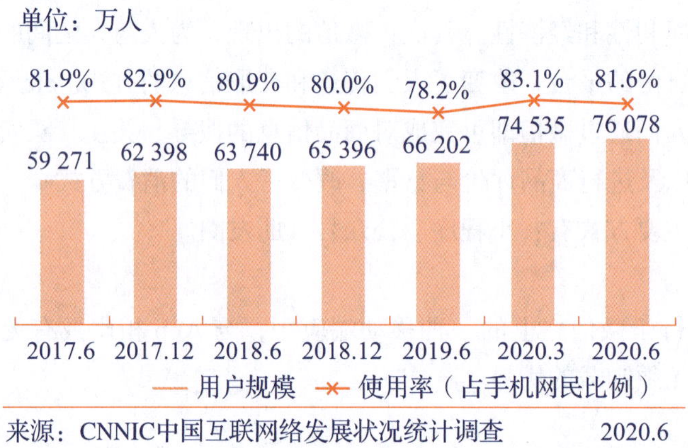

图 1－27　2017 年 6 月—2020 年 6 月手机搜索用户规模及使用率（b）

搜索引擎推广是企业利用竞价排名、搜索引擎优化等方法和手段，在用户使用搜索引擎检索信息时，将自己企业的产品和活动信息排在前面，吸引用户的注意，用户点击链接后可以直接跳转到相关的网站进行浏览和购买，从而达到推广和增加销售的目的。由于搜索引擎行为是用户在主动需求出现后的搜索行为，因此推广优势在于所有用户都是精准用户，转化率非常高。目前，百度是国内最大的搜索引擎，其流量 90% 以上集中在移动端，所以对百度移动端的搜索引擎推广成为主战场。

（4）视频推广。

网络视频的出现被称为移动互联网时代的分水岭。视频不再仅仅存在于 PC 端上，而是无时、无处不在。按照视频长短，可以将网络视频分为长视频和短视频。按照运营方式可将视频营销分为用户生成内容、企业自建账号自己制作及与网红、名人或视频达人合作，进行品牌或产品植入三类。

随着快手、抖音、西瓜视频、火山、微视等短视频应用的兴起，短视频渐渐成为人们视听消费的主流选择。据第 46 次《中国互联网络发展状况统计报告》显示，近年来短视频应用迅速崛起，截至 2020 年 6 月，短视频应用用户规模达到 8.18 亿，短视频用户占整体网民规模的87%。

视频推广是指各大企业或者机构利用网络视频传播企业信息、产品信息，树立企业或者机构的形象，从而达到宣传和营销的效果。不同于以往传统的视频广告，视频推广以互联网为载体，通过互联网来进行扩散和传播。因此，视频营销在即时性、互动性、传播速度上具有明显的优势。

3. 线上渠道推广技巧

（1）App推广技巧。

1）用户参与。

让用户参与到App的创作与设计中，从而吸引并黏住用户。抖音、快手、西瓜、火山等小视频App都是通过用户制作、上传分享自创的视频从而获取他人的喜爱和关注。

2）内容为王。

App的特点之一就是能通过文字、图片、视频等形式24小时不间断地传递信息、展示内容，从而增加用户对产品的了解与信任，提高品牌声誉。App可为App用户提供优质的内容，从而吸引客户下载使用。发布和展示内容信息是App的直接功能，也是最重要的功能之一。

实例分享

宜家的家居指南

宜家的App并不直接销售宜家的家居产品，而是像一本电子杂志一样，通过文字、图片、视频等方式全面地向消费者介绍宜家的产品，用户可以很方便地查询产品的型号、尺寸与价格，以及商场的地图方位。用户可以收藏喜欢的产品图片，这些产品图片就像一位专业的导购员，节约用户去商场购物的时间。可以以杂志的大小来作为参照物生产三维可以随意旋转和移动的家居物品图像，利用手机摄像头把产品放在房间的任何位置，让用户切实感受到产品在房间的家装效果。同时还有专题图片和视频可以看到房间是如何一步一步设计的、使用的产品和价格，让用户方便地把握预算，学习宜家的设计方法与理念，获得家居收纳方面的创意和灵感，增强对宜家文化的认同。

3）即时兑现的优惠活动。

App的一大痛点就是需要下载才能使用。为此，大部分App的做法是给予用户下载福利。沃尔玛山姆会员店在发放的杂志上附有山姆官方App的二维码，而且强调使用山姆会员App的三大优点：省钱、省时、省心。网易严选则在电端端官网首页出现二维码及提示“扫码领取App新人立减红包”字样。

如果让用户在图1-28所示的福利中二选一，大部分用户可能会选择第二种，因为用户对于福利的需求是能够即时兑现。因此，提醒消费者下载App可以获得即时使用的优惠券、减免一定的金额是操作最简单也最有效的一种技巧，可以广泛适用。

1.你购买产品，我给你积累10个积分。累积够100个积分，你就能兑换一瓶饮料。

2.我给你一张10%的折扣代金券，你在购买产品时即可核销。

图 1－28　两种福利

实例分享

拼多多的 App 推广技巧

拼多多在社交电商中异军突起，将虚拟福利与社交属性进行紧密结合，成功实现了用户裂变。拼多多成功利用用户不用支付实际支出就可以“赚到额外福利”的心理动机，结合其平台低客单、低决策门槛、高频需求的产品特性，成功制造了社交群体“薅羊毛”的围观感，并通过社交分享，给予让分享者和新用户双方都满意的福利，从而成功实现了用户裂变。

4）其他 App 平台推广。

借助于其他 App 推广自己的 App，如点击链接自动跳转该 App 的下载页面。采用这种方式推广要注意以下几点：

①选择热门、受欢迎 App。所选的其他 App 一定是热门的，受到普遍喜爱和认可的，用户人数越多，推广效果就越好。

②相似的目标人群。所选择的其他 App 或推广方式的用户要与自己的目标人群相符。

③简明扼要的介绍。由于 App 推广广告一般时间较短，所以一定要简单明了地描述出 App 的好处，吸引消费者下载使用。

5）提高用户体验，利用消费者口碑传播。

把握用户心理，将消费者口碑融入用户生活；切实满足消费者的需要，抓住消费者的心。如淘宝给用户提供丰富的商品，不管多小众、在现实生活中多难找到的商品，在淘宝中都可以轻松买到，使之成为用户最多的零售业巨头。

（2）微信推广技巧。

不管什么推广方式与渠道，目的都是为了传递一些信息，让“观众”认识、了解自己，并在需要的时候能够找到。微信推广也不例外。

1）微信推广个人号四件套设置技巧。头像、昵称、个性签名和背景页被称为微信四件套。

①头像。作为个人推广号的微信号，头像可以为真人头像。如果同时有公众号等其他推广方式与渠道，则可以设置为统一的 IP 形象。也可以将真人与产品或者品牌形象结合。推广号头像最好不选择一些风景照片或者模糊的照片，因为这些照片作为头像不易识别与记忆，也不容易查找。宗教等敏感图片尤其不能作为推广号头像。

②昵称。昵称的设置要易读、易记、易查找，有特色、不让人反感，能够让观者一眼就知道你是做什么的，需要时能方便检索到。可以选择真人真实姓名，也可以选择结合品牌或产品名称加上拟人等修饰加以命名。如放牛哥、烤肉哥、苹果哥，这样的昵称一看就知道产品的内容或类别，容易让用户识别与记忆。再比如“招生教父——仁新”“王涛——服装厂直供”，也能清楚地让用户知道企业是做什么的，用户需要的时候可以方便用关键字“招生”“服装”查找。因此，一些无识别度的名字、乱码、纯品牌名等就不是昵称的好选择，而昵称加 A、加电话号码等设置类型易引起观者反感，也不是好的选择。

③个性签名。个性签名可以是产品的功能、定位等，如“新榜签约师”。最好与主打的个人号标签相适应或一致。如励志、正能量标签的推广号个性签名可以设置为“越努力越幸运”等。个性签名忌负能量心情和纯业务介绍。

④背景页。背景页作为很好的“粉丝”展示入口，常常被忽略。进入朋友圈主页的，都是对你或者你的产品、品牌感兴趣的人。好的背景页设置能够让“粉丝”更好地了解你。背景页的设置可以是“ IP 形象 + 产品 + 简介”，也可以结合 IP 形象，将 IP 形象作为统一的锚点对外进行形象展示。

2）朋友圈定位清晰明确。

每一个朋友圈推广号都应该有清晰、明确的定位，而且最好是只有一个定位，方便朋友圈好友识别与记忆。这个定位只围绕一个品牌或一个产品。例如，火锅等餐饮类的微信推广号可以定位为“美食达人”，彩妆类微信推广号可以定位为“美妆达人”。

3）发朋友圈的时间与内容选择。

朋友圈用户众多，信息量大，如果不选择合适的发布时间，再好的内容也会被湮灭而不能传递给自己的“粉丝”。微信推广号朋友圈发布时间，应结合“粉丝”的日常作息，根据发布内容进行选择。如“粉丝”的作息时间不清楚，或者想要将发布内容传递给普通“粉丝”，则可以根据一般人正常的作息时间进行发布，如图 1－29 所示。

图 1－29　发朋友圈的时间

4）微信好友分层管理。

经过一段时间的运营，微信推广号积累了一定的好友数量。这时需要对好友进行分类并进行管理，如图 1－30 所示。

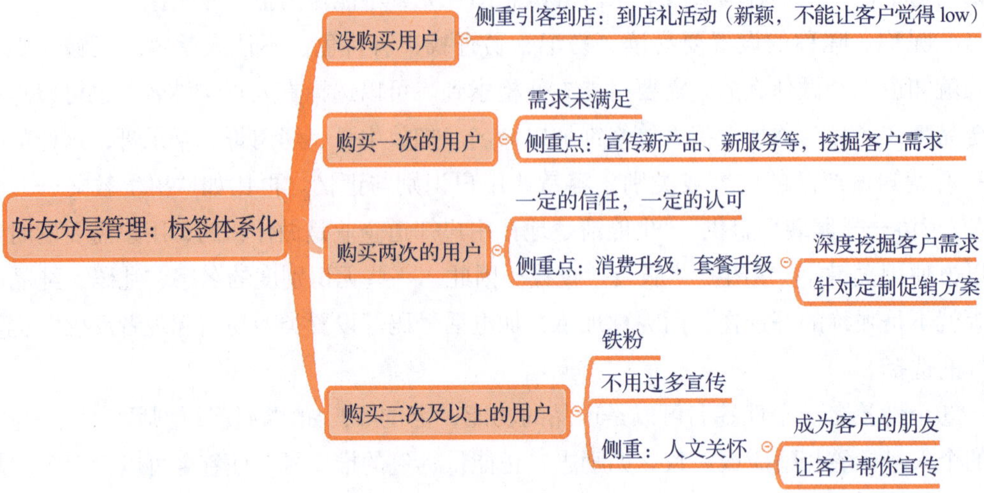

图 1－30　好友分层管理

5）微信推广个人号“朋友圈”十大误区，如图 1－31 所示。

图 1－31　朋友圈常见误区

6）微信推广个人号高黏性“朋友圈”特征，如图 1－32 所示。

（3）搜索引擎推广技巧——筛选最佳关键词。

搜索引擎推广最常用的方式包括竞价排名、搜索引擎优化和站外链接优化。如何做好搜索引擎推广，可从筛选最佳关键词着手。

优秀关键词能够快速吸引用户，这是搜索引擎推广最关键的工作和核心的内容。最佳关键词的寻找不是一个简单的选择步骤，而是需要不断搜寻、优化与反馈、再优化的过程，如图 1－33 所示。

图 1－32 高黏性朋友圈特征

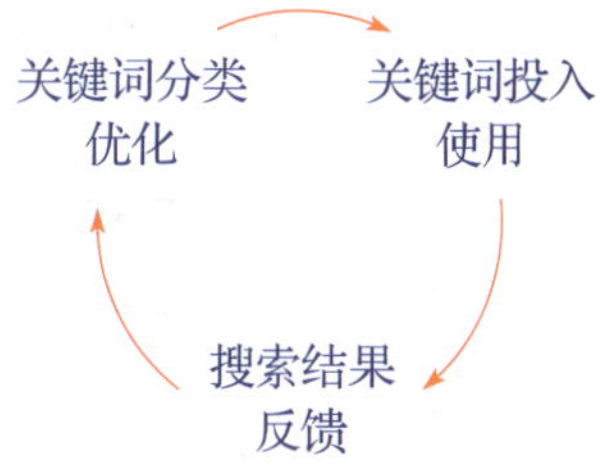

图 1－33 最佳关键词的寻找

1）关键词分类优化。根据用户搜索行为与习惯，结合自身品牌与产品特点，选出符合用户搜索习惯的关键词，并对关键词进行分类：核心关键词、相关关键词和长尾关键词。核心关键词是能够体现网站主题的最简单的词语且搜索量高；相关关键词是对核心关键词的扩展，体现主题的词语更全面，但搜索量少；长尾关键词搜索量少且不稳定。

2）关键词投入使用。将分类优化后的关键词投入使用。

3）搜索结果反馈。根据一段时间的搜索数据分析用户的搜索行为与习惯，对关键词进行再次分类优化，再投入使用。如此往复，直到筛选出竞争对手少且搜索量高的网站关键词。

（4）视频推广技巧——如何形成热门视频。

1）热门视频三要素。

热门视频的特点之一就是热门。什么样的视频是热门视频？这需要看发布的平台特点。例如，快手的热门视频，会有同城发现页涨粉、播放量成倍增长等特点。总的来说，热门视频应具有以下特点：较高的点赞数、较多的评论数和较高的完播率。

2）打造热门视频——内容为王。

①输出优质内容。视频推广号需要根据视频发布平台、“粉丝”的属性等输出优质内容：传递正确的价值观，传递真善美。只有用优质、鲜活的内容去承载正确的价值观，才能赢得更长远的未来。

②输出原创内容。视频内容要原创，不能有抄袭。可结合当下热点，结合自身品牌与产品进行。为了增加“粉丝”互动与评论，可增加话题性。

③细节打磨。好的创意不一定能够成就好内容。视频推广号需要对每个细节进行深思熟虑的磨合，在构图、光线、后期制作等细节上用心打磨。为了提高完播率，可以先拍后剪辑，力求做到短而精；视频推出后，一旦数据表现好，立即加推。

实例分享

麦当劳春节视频

2021 年春节，因为新冠肺炎疫情的影响，很多人选择在春节这个万家团圆的日子里“就地过年”。麦当劳结合“春节”与“就地过年”两大主题元素，打造出 2021 年春节档的推广视频，引起了“粉丝”的共鸣与共情，观者泪目。

3）打造热门视频——其他要素。

除了内容，视频的发布时间、数量、清晰度、封面标题、配乐、时长等都会影响其点赞数、评论数和完播率，如图 1－34 所示。

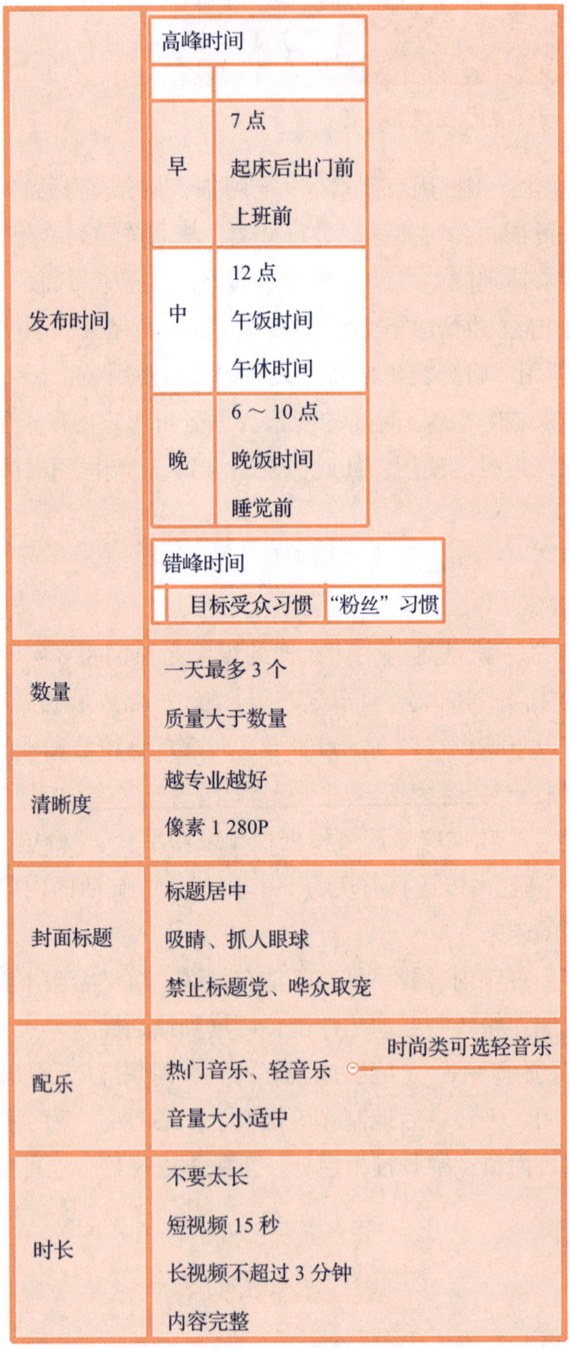

图 1－34　如何形成热门视频

实例分享

腾讯微视

4. 线上推广素材制作

线上推广，内容制作是关键。优质素材有助于提高用户体验，提高订单转化率，促进销量。怎样才能拍出优质的素材呢？下面以餐饮行业图片拍摄为例进行介绍。

（1）拍摄细节。

熟悉产品图片基础格式要求。每个平台上传图片的尺寸、格式、容量大小都有所不同，常用平台如淘宝、京东、拼多多、美团、饿了么的拍摄要求如表 1－28 所示。

表 1－28 平台图片要求

平台名称	图片像素	图片大小
淘宝	大于 700 × 700PX	不超过 500k
京东	大于 800 × 800PX	不超过 1M
拼多多	大于 480 × 480PX	1M 以内
美团	大于 600 × 450PX	不超过 5M
饿了么	不小于 640 × 640PX	不超过 20M

（2）拍摄图片标准。

1）无拼图。禁止将多张产品图拼接成一张，如图 1－35 所示。

图 1－35 拼图 vs 不拼图

2）不翻拍菜单。不要翻拍菜单，如图 1－36 所示。

图 1－36　翻拍菜单 vs 不翻拍菜单

3）无遮挡。无文字、logo 等遮挡主产品，如图 1－37 所示。

图 1－37　有遮挡 vs 无遮挡

4）不抠图。图片主体边缘要清晰，无抠图迹象。

5）无变形。主产品不能出现拉伸变形情况。

6）识别度高。主产品图片不能模糊、虚化不清。

7）无截断。保证图片中产品的完整性。

（3）拍摄要领。

1）摆盘技巧。

①选择容器。选择比产品大一号的容器，会让产品显得比较精致。

②器具颜色。尽量选用纯色器具，尤其是盛放色彩鲜艳产品的时候。

③产品码放。产品在器具上要码放整齐，且汤水等在器具上不要随意滴落。

2）背景选择及点缀物摆放。

①尽量不要纯黑色，纯白或者颜色特别鲜艳的背景（容易让产品看起来没有食欲）。

②选用与该产品相关的点缀物，如相关食材调料、桌布、木质或陶瓷器具。

③点缀物从旁点缀即可，不可过于突出，以免抢走产品的视线。

3）光线要求。

①自然光是最佳选择，光线细腻且自然，拍摄出的产品色彩往往最鲜艳饱和。

②阳光直射容易造成过度曝光，所以拍摄时尽量选择侧光。

4）拍摄角度。

常用拍摄角度有 90 度（俯拍）、45 度（斜拍）、0 度（水平）。

90 度（俯拍），效果如图 1－38 所示。

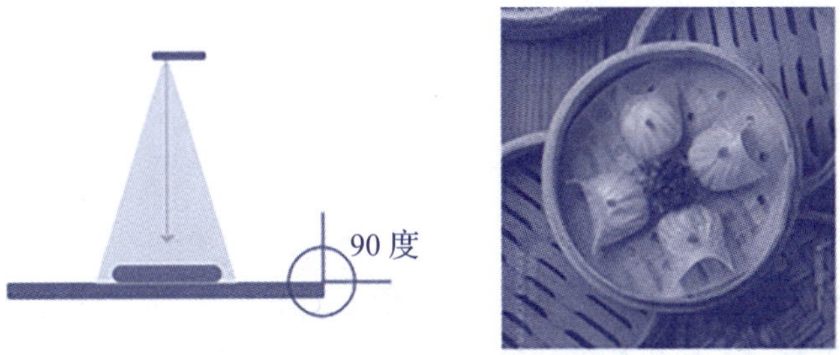

图 1－38　俯拍效果图

一般情况下，45 度（斜拍）拍摄产品最保险，效果也会比较好，能拍出产品的层次感和整体性，如图 1－39 所示。

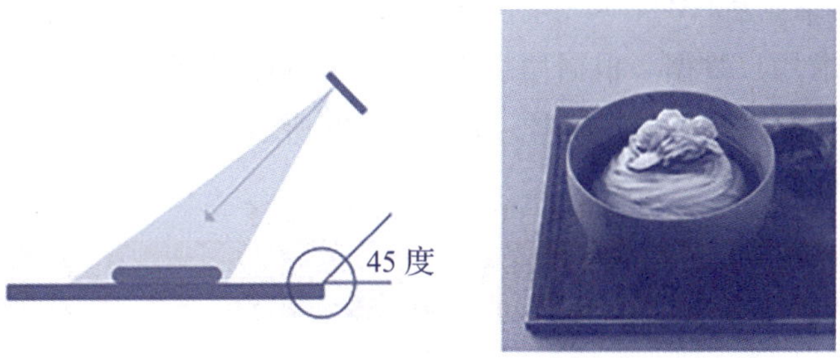

图 1－39　斜拍效果图

通常，0 度（水平）拍摄酒水饮料类能够拍出较高物体的主要特征，如图 1－40 所示。

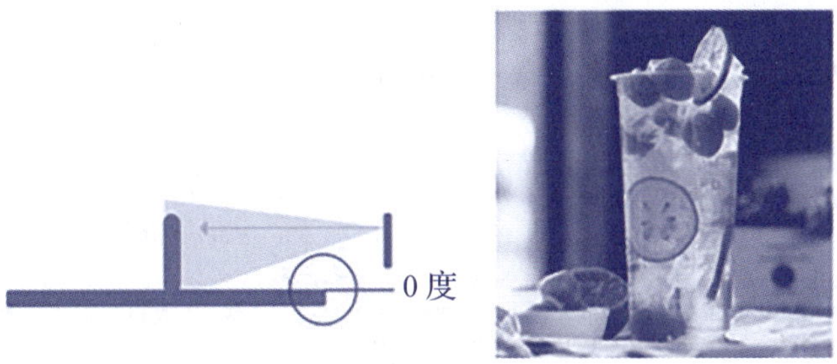

图 1－40　平拍效果图

5）美化。

①拍照后可以使用美图工具进行美化，注意不能让产品固有颜色失真。

②画面整体色泽自然，呈现暖、中性色调，使产品看起来更有食欲。

6）注意事项。

①不要为了好看而故意增加某种食材的分量或个数，保证真实性。

②用筷子、杂志、手机、笔等有统一规格大小的物品做参照物，让顾客对菜品分量有个大概估计。

③图中菜品应完整露出，不要截断，以免顾客对菜品分量识别不清。

④不要为了好看，过度改变图片菜品色泽。

⑤可以简单布景，渲染氛围，但菜品摆盘造型不要过于夸张，要保证画面清晰、真实，体现干净为佳。

三、门店线上渠道数据采集整理

（一）线上渠道信息源

在前大数据时代，企业主要通过三种方式获取信息：一是公开信息的整理，包括统计局数据、公司年报、市场机构的研究报告等公开的零散信息；二是直接购买产品化的数据库；三是自建数据库，收集一手数据，例如自己设置问卷进行调研，或者对运营数据进行整合，或者每年进行消费者调研与品牌调研。

在大数据时代，企业获取信息的源头已经发生了翻天覆地的变化：互联网、移动终端、工业 4.0、工业互联网、可穿戴设备等新技术、新浪潮的出现，企业可以全方位、持续地收集、获取用户数据。根据信息收集主体不同，企业信息源包括：第一方数据、第二方数据、第三方数据和开放数据，如表 1－29 所示。

表 1－29　零售企业信息源

数据源	数据来源	数据源归属	数据平台	典型来源	常见数据类型
第一方数据	内部	自身	自身	CRM 数据	历史交易数据 营销积累数据 售后服务数据 网站分析数据 重点客户业务数据
第二方数据	外部	自身	外部	社交媒体平台 电商平台	社交媒体行为数据 电商交易数据
第三方数据	外部	外部	外部	外部 供应商	客户行为数据 客户信用数据 其他数据
开放数据	外部	外部	外部	爬虫数据	互联网上可见数据

(二)线上渠道数据采集平台

目前，有三大平台为零售企业提供数据、收集数据，分别是微信公众号后台、新榜平台与清博舆情。

1. 微信公众号后台收集

微信公众号后台的统计模块功能可为用户提供六大分析项目：用户分析、图文分析、菜单分析、消息分析、接口分析和网页分析。用户可以在此获得原始数据，也可以查看自身所关注指标的趋势图，趋势图会以折线的方式展现，一目了然，如图 1－41 所示。

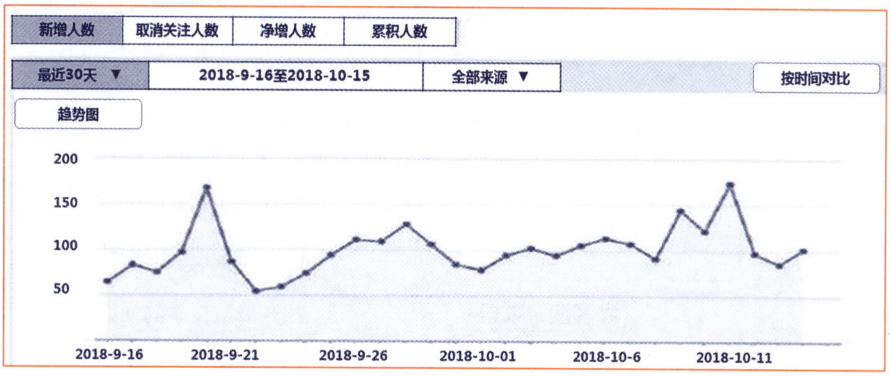

图 1－41　用户分析项目中“新增人数”趋势图

2. 新榜平台收集

新榜平台可以为用户提供新媒体、微信等平台内容的价值评估。目前，新榜平台上有超过 1 000 万个微信公众号，对超过 35 万个有影响力的优秀账号实行每日固定监测，从而发布影响力排行榜。新榜平台可以为用户提供排行查询与数据查询、号内搜索和分钟级监测三种服务。

（1）排行查询与数据查询。

用户可以在新榜平台查询某公众号、微博账号、头条号等的排名情况，还可以查询统计周期内的其他数据，包括：发布数据、总阅读数据、头条阅读数、点赞数和当日排名数据。图 1－42 为新榜平台的微信公众号数据情况，用户可以据此收集到微信公众号系列榜单以及榜单上各公众号的数据样本。

（2）号内搜索。

“号内搜”是新榜平台针对公众号开发的功能。相比于百度、360 搜索，新榜平台的“号内搜”为广大用户提供了在公众号内进行信息搜索的服务。

对用户而言，“号内搜”所能提供的数据资源包括顾客的所有搜索行为，能帮助用户更好地了解顾客画像。图 1－43 为新榜平台“号内搜”后台的数据服务功能简介。

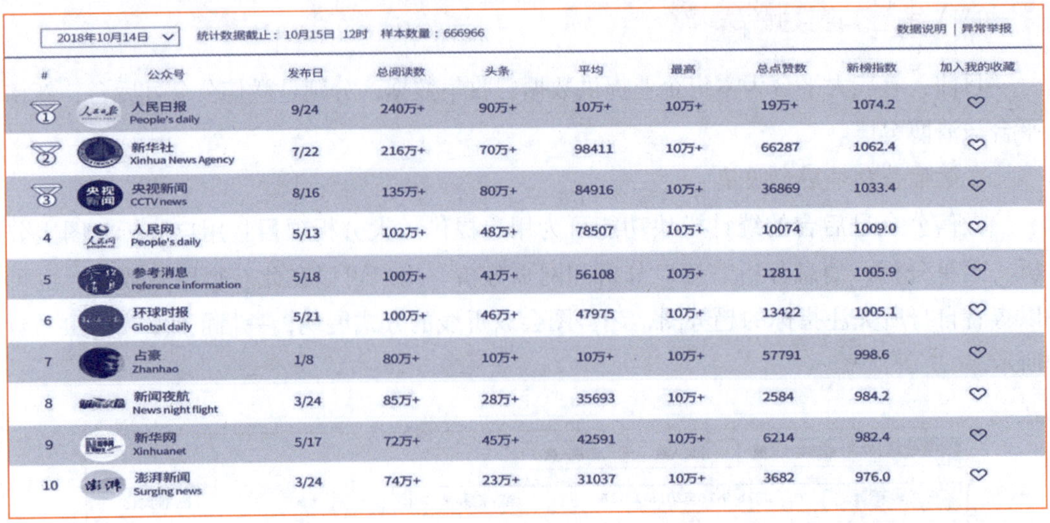

2018年10月14日　统计数据截止：10月15日 12时　样本数量：666966　数据说明 | 异常举报

#	公众号	发布日	总阅读数	头条	平均	最高	总点赞数	新榜指数	加入我的收藏
1	人民日报 People's daily	9/24	240万+	90万+	10万+	10万+	19万+	1074.2	
2	新华社 Xinhua News Agency	7/22	216万+	70万+	98411	10万+	66287	1062.4	
3	央视新闻 CCTV news	8/16	135万+	80万+	84916	10万+	36869	1033.4	
4	人民网 People's daily	5/13	102万+	48万+	78507	10万+	10074	1009.0	
5	参考消息 reference information	5/18	100万+	41万+	56108	10万+	12811	1005.9	
6	环球时报 Global daily	5/21	100万+	46万+	47975	10万+	13422	1005.1	
7	占豪 Zhanhao	1/8	80万+	10万+	10万+	10万+	57791	998.6	
8	新闻夜航 News night flight	3/24	85万+	28万+	35693	10万+	2584	984.2	
9	新华网 Xinhuanet	5/17	72万+	45万+	42591	10万+	6214	982.4	
10	澎湃新闻 Surging news	3/24	74万+	23万+	31037	10万+	3682	976.0	

图 1－42　新榜平台的微信公众号数据情况

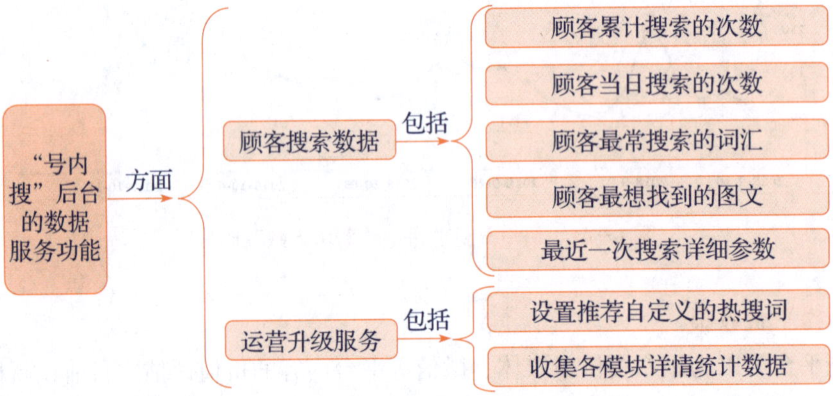

图 1－43　"号内搜"后台的数据服务功能

（3）分钟级监测。

"分钟级监测"全称为"微信公众号分钟级传播监测"，与"号内搜"一样，它也是为公众号服务的数据产品，能连续监测链接到公众号的阅读数和点赞数，并在分钟级的数据监测上完成对特殊数据增长的准确判断。图 1－44 为新榜平台"分钟级监测"数据产品的功能。

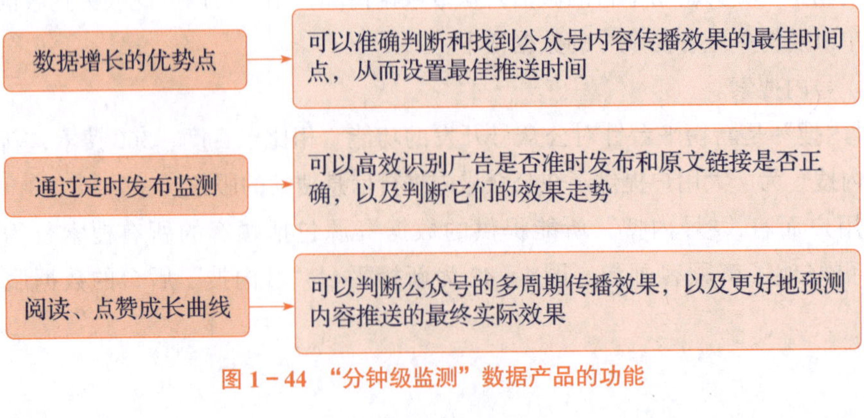

图 1－44　"分钟级监测"数据产品的功能

3. 清博舆情收集

清博是一个大数据平台，目前拥有超过千万“粉丝”的社交矩阵，与百度、阿里巴巴、腾讯、网易、今日头条等互联网公司有深度合作。

在清博数据平台上，用户可以在首页输入账号的 ID 或名称，就能看到它的排名情况，还可以收集以下的数据：排名、活跃“粉丝”数、阅读数、头条阅读数、点赞数等。用户可以在平台收集零散的数据信息并从中挖掘出有价值的内容，以指导接下来的运营工作。

用户在搜索和收集数据时，要想获得更优质的结果，需要同时考虑搜索平台的数据呈现和数据的包容性。而清博大数据恰好在这两个关键点上有着巨大优势，如图 1－45 所示。

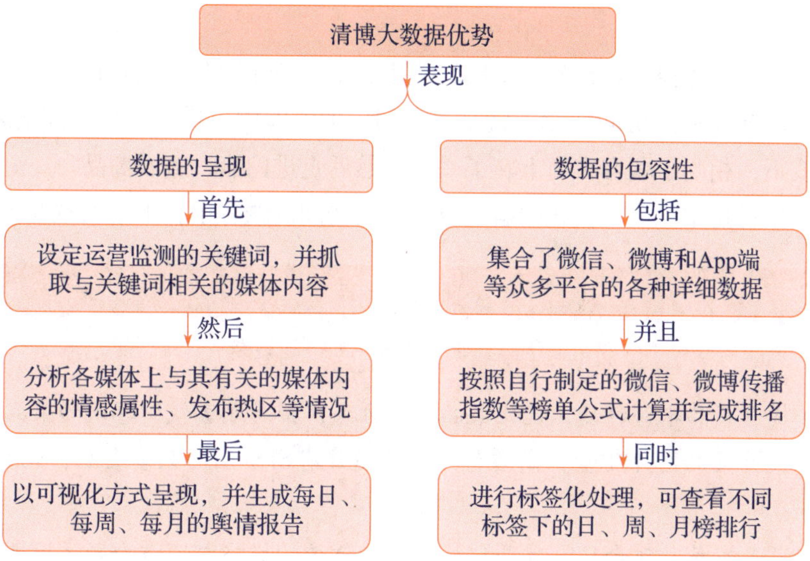

图 1－45　清博大数据的优势

（三）消费平台数据采集与监控

门店，无论大小与业态，常常会进驻各大消费平台，如美团、大众点评等。门店排名是门店最重要的流量入口之一，直接影响门店曝光程度，进而影响门店单量。监控影响门店排名的因素并及时应对能有效提升门店排名。现有消费平台排名影响因素主要有三个，分别是：门店经营因素、转化因素和用户场景因素。

1. 门店经营因素

对门店经营因素的监控主要包括：服务质量、销售情况和活动力度。

（1）服务质量。对服务质量的监控主要从商家评分和异常订单两方面进行：

1）商家评分。排名系统考量的用户评分不仅仅是客户端看到的用户评分，还包括影响用户评分的其他因素，如质量、服务等。

2）异常订单。异常订单指非顾客原因导致的拒单、超时未接单、配送延迟等顾客取消的订单。

（2）销售情况。

对销售情况的监控包括近期销量和有效营业时长。

1）近期销量。距离现在越近的日期销量权重越大。以销售额因素为例，单日销售额逐渐提高的门店，比销售额持平或逐渐降低的门店更有优势，排名更靠前。

2）有效营业时长。有效营业时长指有交易的门店在线。下线的门店会下沉到列表底部，曝光很少。但单纯的门店在线却没有交易情况是没有意义的。

（3）活动力度。

平台鼓励商家积极参与和设置各种让利活动，给顾客带来真正的实惠，系统会根据商家的活动力度，在排名上给予一定的扶持。

2. 转化因素

对转化因素的监控指标包括：访问转化率、下单转化率和复购转化率。

（1）访问转化率。访问转化率就是看到门店的顾客中，进入门店访问的顾客占比，即对应到线下，相当于顾客在街上转了一圈，然后走进门店，查看商品。

（2）下单转化率。下单转化率就是进入门店访问的顾客中，下单的顾客占比。

直通职场

如何提高餐饮门店下单转化率？

（1）提升菜品丰富程度，优化菜品组织方式，帮助顾客找到喜欢的菜品。

（2）提升菜品图片质量，高质量的菜品图片有助于调动顾客食欲，切勿省事随手拍。

（3）菜品定价相对合理，虚高价格或过分低廉的价格都不适合顾客选购。

（4）上传门店真实信息，包括但不限于安全档案、门店门面、堂食大厅、厨房等，现在越来越多的顾客关注食品的安全和卫生。

（3）复购转化率。复购转化率就是多次下单顾客在所有顾客中的占比。

3. 用户场景因素

用户场景因素是指系统根据每个用户的偏好，对商家进行个性化排序。每个顾客偏好的品类、品牌、品质、价格等因素不尽相同。商家主营品类顾客需求越强的品类，转化率越高，因此在某个时段，主营品类与这个时段匹配程度更高的商家，排名会相对靠前。每个顾客看到的商家顺序不完全相同。系统排序逻辑是根据每个顾客在品类、品牌、口味、品质、价格等方面的偏好，把与顾客匹配度更高的商家排名相对提前，帮助顾客更便捷地选择并下单。

门店对这些指标进行监控并积极应对，如表 1－30 所示。

表 1－30　消费平台数据监控指标与应对措施

<table>
<tr><th colspan="3">监控指标</th><th>应对措施</th></tr>
<tr><td rowspan="5">门店经营因素</td><td rowspan="2">服务质量</td><td>商家评分</td><td>• 优化产品质量、包装与服务
• 关注同类商家的满意度，查缺补漏，不断改进自身质量
• 注重售后体验，快速处理售后问题，提升顾客满意度</td></tr>
<tr><td>异常订单</td><td>• 着重注意门店基础的服务意识
• 减少异常订单数量
• 尽量避免伤害顾客</td></tr>
<tr><td rowspan="3">销售情况</td><td>近期销量</td><td>• 关注并提升近一段时间的销售数据
• 多参与平台活动，如优惠专区、发放商家券等</td></tr>
<tr><td>有效营业时长</td><td>• 根据自身的经营能力合理制定营业时长
• 除非有特殊情况，建议商家保持正常的营业时长
• 根据自身营业情况，真实选择上线下线
• 单纯为了延长营业时间，而商品不可售造成无单量，反而影响转化率</td></tr>
<tr><td>活动力度</td><td>• 切勿制定虚假活动，根据自身的经营情况合理设置活动。可设置多个档位的活动以满足各类用户的需求
• 杜绝定价虚高，除了线上线下价格对比，排名系统还会通过比对同类商家、同类商品等多种途径判断定价情况</td></tr>
<tr><td rowspan="3">转化率因素</td><td colspan="2">访问转化率</td><td>• 关注品类、头图、评分、销量、活动、人均价等影响因素</td></tr>
<tr><td colspan="2">下单转化率</td><td>• 关注门店分类、商品排序、商品图片、商品名称、商品价格、商品标签、商品描述、商品月售、店内海报、用户评价、门店图片等影响因素</td></tr>
<tr><td colspan="2">复购转化率</td><td>• 产品：保证产品质量、分量、口味的稳定，研发新品
• 配送：及时接单，提升餐厅出餐速度
• 服务：及时处理用户问题，定时查看用户评价
• 活动：多参与发放商家券等活动挽回老顾客</td></tr>
<tr><td>用户场景因素</td><td colspan="3">• 合理地设置品类，更好地满足此品类顾客的需求，才能在相同品类下获得更高的排名
• 发展和维护回头客，形成良好的口碑
• 不断优化产品
• 注重新客的培养，尽可能覆盖多层次的顾客需求</td></tr>
</table>

（四）线上渠道评价类型数据采集

1. 用户评价的线上渠道

（1）内容电商平台。当下，微博、微信、抖音、快手、小红书等内容电商平台纷纷兴起，这使得人们可以在这些平台里自由发声。内容电商平台聚集了大量用户评价类数据。

（2）交易型电商平台。淘宝、京东、天猫、拼多多等交易型电商平台也聚集了大量用户评价数据。交易型电商平台几乎渗透到了中国市场的每个角落，成为用户购买产品的主流渠道。在传统线下购买中，用户的购物路径基本上是线性的，一般包括“发现、思考、评价、购买、使用”这 5 个步骤，开始于对产品和服务的关注、了解，结束于购买行为和忠诚度的建立。在电商平台中，用户的购物路径也包括这 5 个步骤，但它与传统线下购买唯一不同的是，用户产生的评价体系可以被迅速储存，任何人都可以浏览。

2. 评价数据作用

在行业分析方面，企业可以通过监测全网品类评价声量，实现本品和竞品的竞争态势对比。在竞品方面，企业通过收集评价类数据可以了解用户的理性需求或感性需求、自己的产品对比竞品的优劣势所在，甚至通过消费趋势洞察来快速调整产品，以满足用户的需求。

用户产生的舆情，也能通过语义分析得出用户在论坛、口碑、微博上的评论对象和情感倾向，可了解用户所青睐或希望改进的地方。企业更倾向于调查分析用户的已有（而未被满足）的需求，还是感知和引领用户的潜在需求？企业更倾向于沿着现有技术的轨迹不断更新升级，还是期望用技术的创新来重新定义产品和服务的逻辑？在这样一个快速转型的时代，以上问题都可以通过持续收集用户评价类数据得出答案。

在数字时代的购买路径中，“评价”是用户对一个产品、一个品牌感受最核心的体现。并且很多用户的购买都起始于参考互联网上的评价，结束于在互联网上发出自己的评价。企业要学会收集用户评价与分享数据，聆听用户舆情，洞察用户的核心需求。让聆听用户舆情成为了解用户的重要端口，将用户体验做到极致，美好的事情就会发生。

3. 用户评价收集方法指引

（1）确定企业的用户评价收集阵地。企业可以在官方微博评论区、微信推文后台、京东 / 天猫评论区、贴吧、小红书、大众点评等平台上，找到两三个品牌核心用户产生舆情分享的最主要的阵地。

（2）建立用户评价数据收集周报、月报。无论是社交平台的管理者，还是电商平台的运营人员，各用户接触点的管理者都需要培养定期回顾用户舆情、摘取用户舆情关键词、提炼用户洞察的能力，并将用户舆情进行定期分享。

（3）执行大型用户舆情聆听项目。大部分数据研究服务商都可以提供全网用户舆情聆听监测的服务，通过文字识别及抓取技术，批量抓取在一定时间内品牌或者指定竞品的舆情信息，进行定性分析。费用会根据舆情监测时间、数据量有所差异，从几万元到几十万元不等。

（五）线上运营渠道销售类数据采集与汇总分析

在日常运营中，零售企业无论采用何种线上运营渠道，都需要采集门店销售类数据并进行汇总分析。通过线上运营渠道强大的后台功能，门店可以便捷地获得销售及相关数据，如淘宝的生意参谋、京东的京东商智等。门店每天都需要对门店产生的数据进行观察并统计汇总分析，第一时间发现问题并第一时间进行处理。门店销售类数据主要包括访客数指标、转化率指标和客单价指标。

1. 访客数指标

门店访客数的监控，即对门店访客数的每日走势、不同渠道组成及访客数目标达成率的记录和监控。生意参谋等工具会记录门店每日的访客数情况，并制作出流量的总体走势图。

如图 1－46 所示，对比平日的流量情况，商家可以清楚地看到 11 月 9 日至 11 月 12 日访客数有较大变化，这种影响持续到 11 月 18 日（见图 1－47）。这时商家就需要找出流量下跌的具体原因，是门店自身的因素还是市场的原因，从而及时处理出现的问题。商家通过分析之后会发现，门店没有存在特别严重的问题，只是因为这个时间节点刚好是“双 11”马上就要来临了，大多数消费者的购物需求急速下降，而且门店没有进入官方活动会场；而在“双 11”过后的数据低迷，是因为“双 11”消费者集中消费之后，市场大盘还没有回暖，所以才导致以上数据异常的情况。所以这几天的数据异常不是由于门店的运营问题，而是受市场影响所致。针对这次流量的下滑，商家需要有相应的对策。商家可以通过增加直通车、钻展或淘宝客投入来引流，保持整体的运营不被竞争对手超越，在市场中的排名能够处于比较稳定的状态，不被市场的波动所影响。

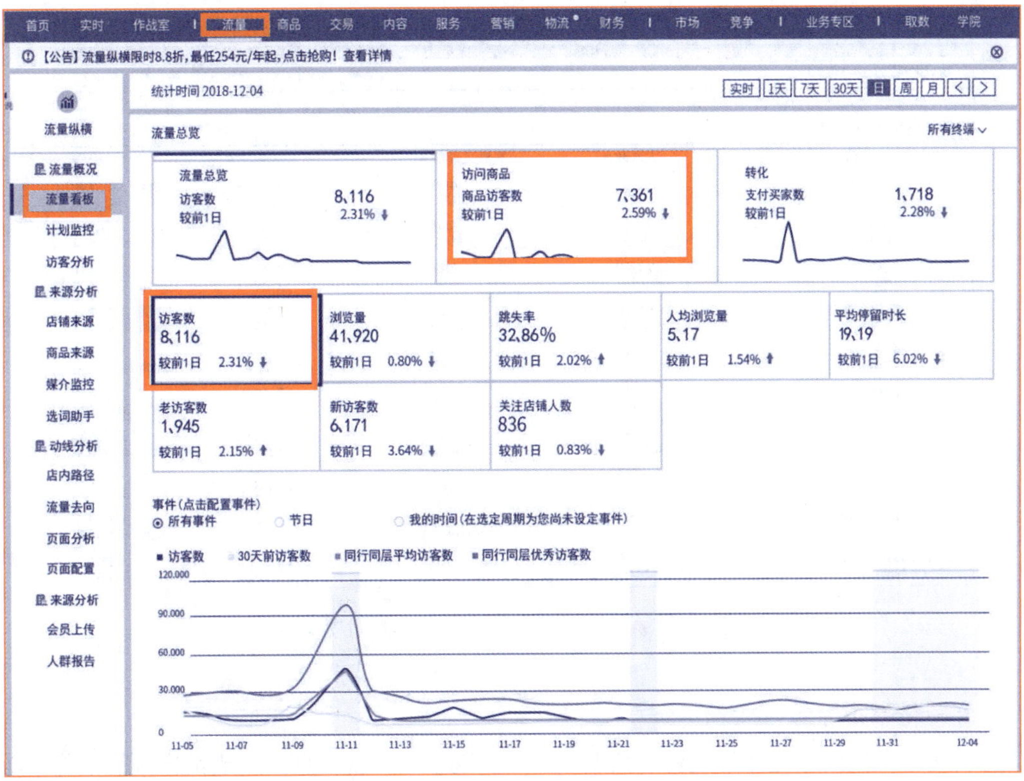

图 1－46　11 月份每日访客数数据

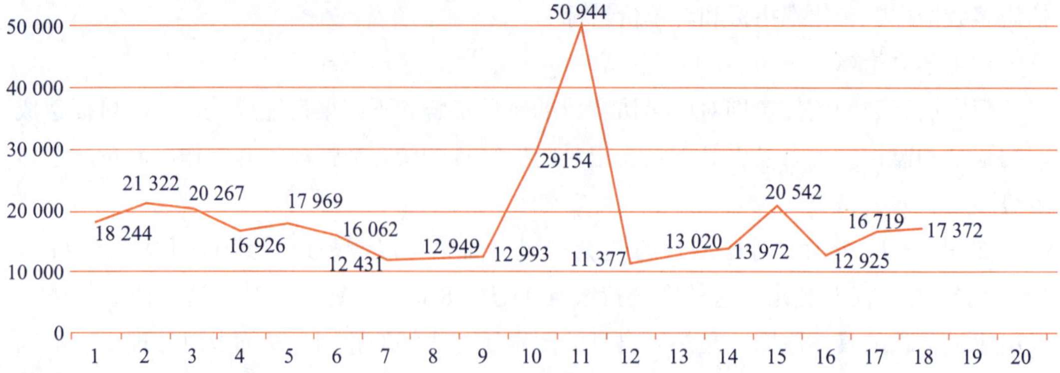

11月	1	2	3	4	5	6	7	8	9	10	11	12	13	14	15	16	17	18	19	20
访客数	18 244	21 327	20 267	16 926	17 969	16 062	12 431	12 545	12 998	29 194	50 944	11 377	13 020	13 972	20 542	12 925	16 719	17 372		

图 1－47　11 月份访客数监控走势图

在监控了每月整体的访客数之后，商家还要对该月的其他流量渠道的数据进行监控，分析每个流量渠道的走势情况。从图 1－48 中可以看出，该门店的流量主要来源为手淘搜索、我的淘宝和购物车。商家通过百分比数值可以清晰地看到每种流量的变化情况，手淘首页在下单买家数中上涨了 40.82%，说明近期手淘首页数据表现较为不错，如果要确保手淘首页流量的持续稳定，近期要对手淘首页的数据进行维护，以保证流量的稳定增长。

排名	来源名称	访客数	下单买家数	下单转化率	操作
1	手淘搜索 较前1日	3.635 -2.52%	498 +7.10%	13.70% +9.87%	详情 人群透视 趋势 商品效果
2	我的淘宝 较前1日	2.551 -1.81%	940 +1.40%	36.85% +3.27%	人群透视 趋势 商品效果
3	购物车 较前1日	2.039 -4.18%	783 -1.51%	38.40% +2.79%	人群透视 趋势 商品效果
4	淘内免费其他 较前1日	1.970 -4.34%	527 +4.98%	26.75% +0.61%	详情 人群透视 趋势 商品效果
5	智钻 较前1日	1.715 -1.83%	159 +9.66%	9.27% +11.70%	人群透视 趋势 商品效果
6	手淘首页 较前1日	513 -9.84%	69 +40.82%	13.45% +56.19%	人群透视 趋势 商品效果
7	手淘问大家 较前1日	287 -0.69%	66 +17.86%	23.00% +18.68%	人群透视 趋势 商品效果
8	手淘旺信 较前1日	236 -2.07%	85 +2.41%	36.02% +4.58%	人群透视 趋势 商品效果
9	手淘信息中心 较前1日	93 +3.33%	26 +36.84%	27.96% +32.43%	人群透视 趋势 商品效果
10	手淘微淘 较前1日	90 +12.50%	19 +26.67%	21.11% +12.59%	人群透视 趋势 商品效果

图 1－48　各流量渠道数据

2. 转化率指标

转化率在门店中是非常重要的数据，一旦出现波动，就会直接造成销售额的下降，所以每天跟踪转化率的情况就显得尤为重要，门店中的转化率可以细分为全店成交转化率、询单转化率和静默转化率，商家可以在流量看板中找到全店转化率数据，如图 1－49 所示。

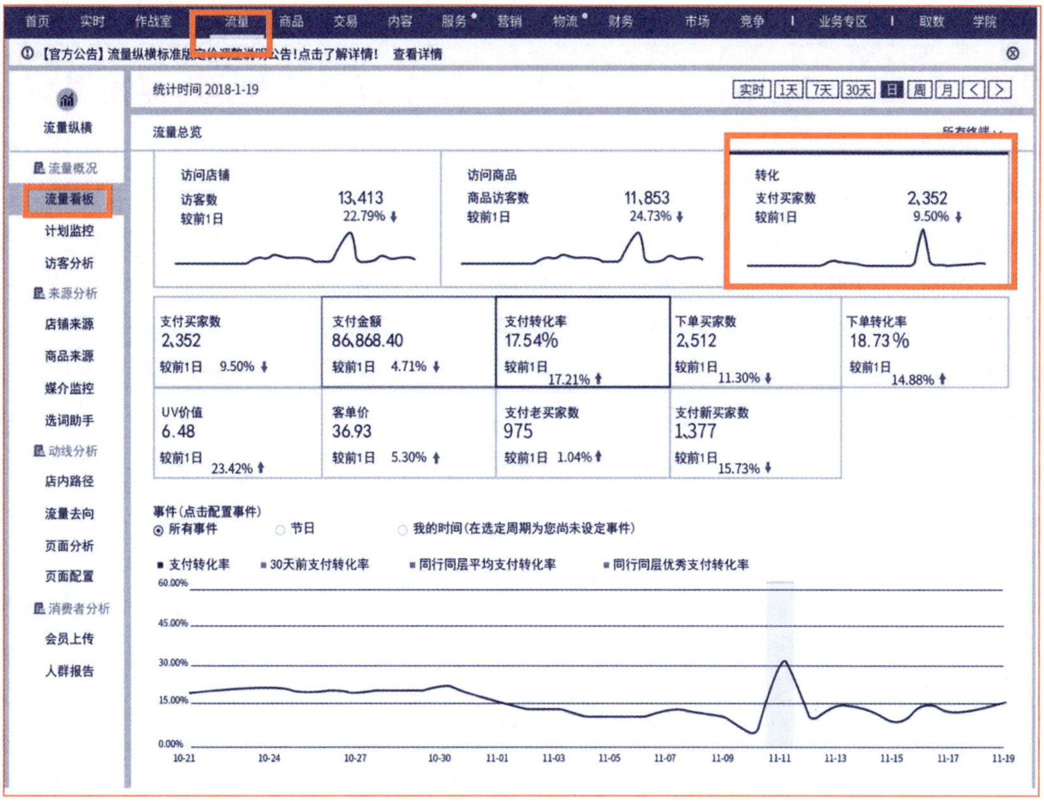

图 1－49　全店转化率数据

为了更好地记录和分析数据，商家需要汇总监控全店成交转化率的各项指标情况（见表 1－31）。然后针对转化率的每一个细分数据进行深度分析，首先是看全店成交转化率的走势图（见图 1－50）。把数据转化为折线图，商家就能更加直观地看出近期一个月门店整体转化率的走势情况。当全店的成交转化率没有较大波动时，说明门店其他细分转化率没有太大的波动，而如果门店的整体转化率出现了较大波动，商家就需要分析具体是哪种细分的转化率出现了问题。

表 1－31　全店转化率监控表

日期	店铺销售额 / 元	浏览量（PV）	访客数（UV）	全店成交转化率 /%	询单转化成功率 /%	静默转化率 /%
2020-10-01	104 411	43 666	10 147	19.81	71.81	15.02
2020-10-02	101 858	46 185	11 611	17.32	69.35	13.38
2020-10-03	103 233	52 540	13 489	15.46	67.60	12.00
2020-10-04	92 289	34 968	8 224	19.43	69.04	15.24
2020-10-05	95 569	38 978	10 082	17.19	70.00	13.22
2020-10-06	116 650	69 573	20 143	12.27	66.72	9.20
2020-10-07	104 076	49 036	12 920	15.09	63.91	12.24
2020-10-08	98 701	37 271	8 621	19.60	66.86	15.27
2020-10-09	90 359	37 984	9 238	16.48	68.73	12.95

续表

日期	店铺销售额/元	浏览量（PV）	访客数（UV）	全店成交转化率/%	询单转化成功率/%	静默转化率/%
2020-10-10	140 776	76 160	22 054	14.49	70.05	11.23
2020-10-11	121 633	61 254	16 978	15.57	69.33	12.25
2020-10-12	103 232	52 731	15 419	13.68	67.22	10.42
2020-10-13	100 699	36 584	8 116	21.02	73.65	16.21
2020-10-14	109 489	40 262	8 604	22.47	74.19	17.24
2020-10-15	111 802	41 740	8 914	21.83	73.57	16.37
2020-10-16	107 785	35 784	7 896	22.94	73.35	16.78
2020-10-17	107 482	45 365	9 209	20.85	71.83	15.64
2020-10-18	109 917	43 665	9 072	22.17	71.46	16.88
2020-10-19	102 349	41 399	8 913	20.89	70.60	16.25
2020-10-20	103 258	47 838	9 887	20.58	66.33	15.96
2020-10-21	104 204	47 518	9 651	21.19	69.10	15.98
2020-10-22	110 479	46 267	9 098	22.73	71.05	17.21
2020-10-23	102 871	47 992	9 353	23.07	73.00	17.34
2020-10-24	105 151	46 714	9 042	23.00	72.77	17.41
2020-10-25	99 846	50 216	9 632	21.23	70.59	15.96
2020-10-26	94 164	49 672	9 050	21.66	71.76	16.03
2020-10-27	88 436	45 751	8 588	20.92	67.93	16.23
2020-10-28	98 033	43 059	8 533	21.60	69.47	16.48
2020-10-29	91 589	44 928	8 347	21.40	67.26	16.10
2020-10-30	106 703	52 170	9 696	23.17	71.37	17.42
2020-10-31	125 291	79 710	17 942	20.45	65.45	15.74

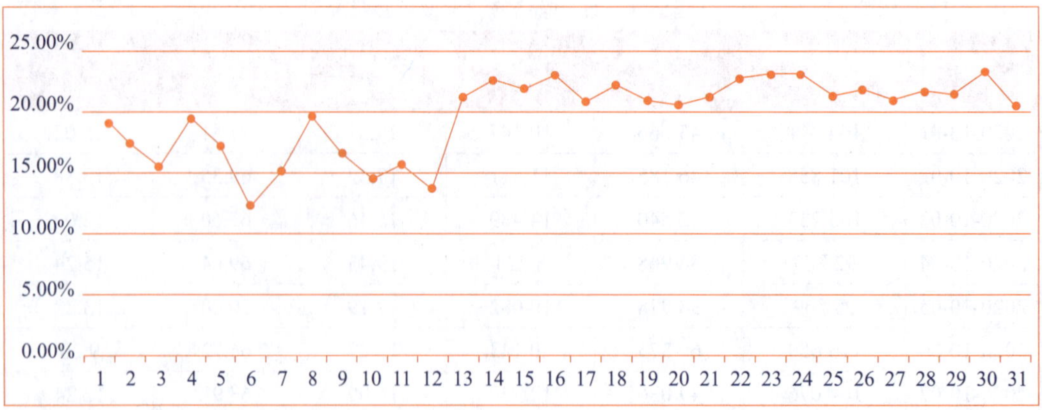

图 1－50　全店成交转化率走势图

3. 客单价指标

客单价 = 支付金额 / 支付买家数，即平均每个支付买家的支付金额。

客单价的数据是比较核心的部分，所以商家每日都需要对其进行数据统计，并且做好分析工作。为了更好地分析客单价的数据，商家还需要统计一些其他相关的指标（见表 1 - 32）。客单价变动的相关因素有关联销售、客服推荐、门店满减、官方活动等，商家可以通过这几种方式来提高门店的客单价。

表 1 - 32 客单价相关指标

10 月份店铺客单价数据					
统计日期	支付金额 / 元	支付件数	支付买家数 / 人	人均支付件数	客单价 / 元
10 月 1 日	104 411	5 660	2 010	2.82	51.95
10 月 2 日	101 858	5 521	2 011	2.75	50.65
10 月 3 月	103 233	5 572	2 085	2.67	49.51
10 月 4 月	92 289	4 853	1 598	3.04	57.75
10 月 5 日	95 569	5 071	1 733	2.93	55.15
10 月 6 日	116 650	6 231	2 471	2.52	47.21
10 月 7 日	103 933	5 503	1 949	2.82	53.33
10 月 8 日	98 701	5 166	1 690	3.06	58.40
10 月 9 日	90 359	4 713	1 522	3.10	59.37
10 月 10 日	140 776	7 723	3 196	2.42	44.05
10 月 11 日	121 633	6 644	2 643	2.51	46.02
10 月 12 日	103 232	5 548	2 109	2.63	48.95
10 月 13 日	100 699	5 288	1 706	3.10	59.03
10 月 14 日	109 489	5 715	1 933	2.96	56.64
10 月 15 日	111 802	5 827	1 946	2.99	57.45
10 月 16 日	107 785	5 593	1 811	3.09	59.52
10 月 17 日	107 482	5 677	1 920	2.96	55.98
10 月 18 日	109 917	5 836	2 011	2.90	54.66
10 月 19 日	102 349	5 428	1 862	2.92	54.97
10 月 20 日	103 258	5 525	2 035	2.71	50.74
10 月 21 日	104 204	5 542	2 045	2.71	50.96
10 月 22 日	110 479	5 785	2 068	2.80	53.42
10 月 23 日	102 871	5 501	2 158	2.55	47.67
10 月 24 日	105 151	5 605	2 080	2.69	50.55
10 月 25 日	99 846	5 305	2 045	2.59	48.82
10 月 26 日	94 164	4 989	1 960	2.55	48.04
10 月 27 日	88 436	4 675	1 797	2.60	49.21
10 月 28 日	98 033	5 083	1 843	2.76	53.19
10 月 29 日	91 589	4 821	1 786	2.70	51.28
10 月 30 日	106 703	5 664	2 247	2.52	47.49

单元三 3 KOL 反馈数据采集

案例导入

“Oh, my god，买它！买它！”这是2019年某视频平台上最红的一句话，也是某直播销售员的代名词。该直播销售员原是某化妆品专柜的销售员，后因口红试色视频而走红，进而转入直播带货行业。因为他拥有丰富的美妆销售工作经验，所以他所推荐的口红色号，经常被女生们认同并且买断货。

在2020年的新冠肺炎疫情期间，仅2月5日至3月2日，该直播销售员的直播间总销售额竟然达到9.57亿元，同时在线人数高达5 829万人次。

思考：

1. 直播销售员为何会有如此大的影响力？
2. 这则案例给零售企业的发展带来什么启示？

随着人们生活节奏的愈发加快，用于选择商品、购买商品的时间越来越少。虽然消费者可以选择网络作为购物渠道，来缩短购物时间，提升购物效率，然而对商品缺乏了解、盲目购买，会降低购物满意度，也会给门店提升消费者忠诚度带来负面影响。

因此，消费者需要值得信赖、容易被接受、对商品非常了解的“领袖”，来帮助他们了解商品特性，试用、挑选商品。门店也需要在消费者中寻找与自己的品牌形象相适应的“领袖”，通过“领袖”在目标消费者中的影响力，将商品信息精准传达给其他消费者。这位“领袖”通常被称为“关键意见领袖”。

一、KOL 简介

KOL是关键意见领袖英文“Key Opinion Leader”的简称，在营销学上是指拥有更多、更准确的产品信息，且在相关群体中具有较大话语权、拥有大批追随者并被追随者接受、信任，对该群体的购买行为产生较大影响力的个人或组织。

KOL与传统明星代言不同。一是营销模式不同。传统明星代言主要通过投放广告的方式来建立品牌在消费者心目中的形象。KOL 则是通过与消费者交流互动，将消费者代入购买及使用场景中来建立品牌形象，更有代入感和亲切感。二是 KOL 与传统代言明星的角色不同。传统代言明星主要承担的角色是为产品代言，只需要形象与品牌相符，对代言的产品是否了解不做硬性要求。KOL 的形象不仅需要与产品的定位相符，还需要对产品有较深入的了解，承担向其他消费者宣传推广的作用。

KOL 与“网红”一词也联系紧密，但是与传统定义的网红又有所区别。传统意义上的“网红”是指具有一定话题度或流量的网络人物或形象，对话题或流量产生的原因没有限制。KOL 则是通过在社交活动中向他人介绍产品，并因其对产品的了解来赢取他人的信任而形成的话题性与流量。

实例分享

潮流电商平台大力扶持潮流 KOL　寻求球鞋真实价值

某潮流电商平台全新频道“大神估价”正式公测，与此同时招募“大神”行动正式开启。

这些招募的“大神”都是资深球鞋玩家大咖，他们可以在社区分享潮流观点，并根据自身经验给出对球鞋售价的判断和建议，让广大用户了解球鞋真正价值，让球鞋消费回归理性。

长久以来，球鞋交易市场都面临买卖双方信息不透明的状况。简单来说，卖家希望高价出手，买家则希望低价入手，加之受限于品牌方的明星带货与限量供应的营销手段，这就导致好物稀缺，球鞋交易市场的热门产品永远都处在“供不应求”情况，即使电商平台的切入让交易越来越顺畅，但仍有不少投机用户炒鞋。

因此，该电商平台从自身交易特点出发推出“大神估价”，引入“大神”，对每一件产品进行解读，挖掘无人知晓的故事，让好产品被发现；理性判断爆款背后的逻辑，让狂热回归理性，推动球鞋市场良性循环。

资料来源：联商网．潮流电商平台大力扶持潮流 KOL　寻求球鞋真实价值．(2020-09-03)［2021-02-04］. http://www.linkshop.com.cn/web/archives/2020/454211.shtml?sf=wd_search.

(一) KOL 起源

KOL 的概念最早由美国传播学者保罗·拉扎斯菲尔德在 20 世纪 40 年代提出。拉扎斯菲尔德以选举调研为目的，做了大量访谈调研，发现大众传播的对象往往是群体，群体中的个别关键成员接收信息后，成为“看门人”角色，负责判断信息能否在群体内继续传播。如果传播的信息与群体信念相似，传播效果就会在“看门人”的影响下加强，“看门人”会主动吸收信息并在群体内广泛传播。这个“看门人”角色就是最初的 KOL。在新媒体时代，KOL 可以利用社交媒体迅速引爆产品，KOL 营销已经成为营销活动的重要投放渠道之一。

(二) KOL 典型特征

拉扎斯菲尔德在《人际影响》一书中认为，KOL 需要具备的特征有：与群体规范之间保持高度一致；对群体在重要事务上的意见最为熟悉；知道自己被委任为领导者；在群体中最受欢迎。

拉扎斯菲尔德在该理论中提出，人与人主要通过现实社会接触，人际关系来自血缘关系、经济关系、兴趣关系等。多数情况下，人们共享着“社会现实”，接触范围相比当今社会更窄，信息传播速度更慢。当今社会受互联网冲击，人际关系的建立不仅来源于现实社会，还可以通过互联网产生。人际关系的形成速度更快，范围更大，能够把在现实社会本来没有交集的个体集合在一起，形成群体。这种情况带来的结果是每个人都可以与更多人分享观念，但是人们的价值观却难以稳定，容易在各种观念中丧失判断力。因此，要成为 KOL，需要具备的特征如图 1－51 所示。

- 在特定领域具备扎实的专业知识或丰富的工作经验
- 关注、了解并能够较他人更快获得该领域的最新动态，能够对动态进行充分解读
- 具备较强的表达能力，能够将枯燥无味的信息以有趣的方式传播
- 有稳定的粉丝群，在粉丝中有充分的号召力与影响力，能够与粉丝长期进行线上线下良好互动，持续获取粉丝的信任与关注

图 1－51　KOL 的特征

（三）KOL 的主要应用

KOL 具备较强号召力，能获取消费者信任，因此 KOL 被广泛应用于营销活动中，如新品推广、树立品牌形象、产品销售等方面。KOL 能够反映所在群体的价值观，企业通过选择与自身品牌形象相近的 KOL，可以快速接近目标客户群。KOL 在群体中的号召力与影响力也能够带动产品在客户群中的传播。

实例分享

健身应用软件埋雷计划：内容营销，从寻找 KOL 到成为 KOL

某健身应用软件推广团队在产品上线前一个月，在近百个健身类社区、社群里，连载品质较高的健身经验帖来培养固定读者，让推广团队的成员成为 KOL 来推广该健身应用软件。

对于工具类产品来说，KOL 发布有价值、有内容的经验贴，非常容易带来新用户极高的关注度，更重要的是，KOL 在后期可以引导用户从关注内容到关注产品。当该健身应用软件正式上线时，运营人员将这些帖子同时引爆，一夜之间，通过已经积攒的 KOL 话语权告知广大读者，之前优质健身经验分享内容都是通过该款健身应用软件来维持的。同时，运营人员放出应用软件的下载链接，推荐用户体验，将用户转化为应用

软件用户。

集中引爆的结果让整个健身圈都开始议论该应用软件，其在iOS渠道的日下载量也达到4万以上。

资料来源：青瓜网. 健身软件的埋雷计划：内容营销，从寻找KOL到成为KOL.(2016-04-24)[2021-02-05]. http://www.opp2.com/10639.html.

（四）KOL与社交平台

在新媒体时代，KOL与社交平台融合密切。通过社交平台，可以快速产出KOL，KOL也可以通过社交平台与“粉丝”群进行互动沟通。因此有的社交平台本身也可以被看作KOL。

实例分享

淘宝直播是阿里巴巴旗下直播平台，被定位于“消费类直播”，用户可边看边买，涵盖的范畴包括母婴、美妆等。据淘宝直播数据统计，淘宝直播的用户中，女性占到80%，年龄分布在25岁到35岁，其中27、28岁的人购买欲最强。每晚20点至22点，是用户收看直播最踊跃的时段，也是用户最愿意下单的时间。从职业分布来看，小资白领不多，宝妈购买力最强，而且不少是全职妈妈。从地域分布来看，新一线城市的消费者停留在直播间的时间较长，观看购物直播平台成为他们消磨时光的一种新方式。

资料来源：黄雨薇. 浅析KOL模式下的网络营销——以美妆为例[J]. 现代商业，2020：64-65.

二、主要社交平台简介

（一）社交平台发展历程

社交平台又被称为社交媒体平台。社交媒体的概念最早于2007年出现在一本叫作*What is Social Media*的电子书中，作者对社交媒体给出了简单定义：“社交媒体是一种给予用户极大参与空间的新型在线媒体。”

社交平台在国内诞生至今已有近30年，在发展中不断增强其娱乐性、互动性，受到越来越多用户特别是年轻用户的喜爱。社交平台在国内的发展分为四个阶段：早期社交平台时代、娱乐化社交平台时代、微信息社交平台应用时代、垂直社交平台应用时代。社交平台的发展历程如表1-33所示。

表1-33 社交平台的发展历程

发展阶段	主要发展概况	阶段特点	社交平台举例
早期社交平台时代	论坛（Bulletin Board System，BBS），中文解释为电子布告栏，最早与校园内的公告板性质相同	论坛为主，平台以传播与获取消息为主，将电子邮箱的点对点的交流演化为点对面的交流，降低了交流成本	天涯论坛、猫扑、西祠胡同

续表

发展阶段	主要发展概况	阶段特点	社交平台举例
娱乐化社交平台时代	2007 年，人人网在大学生中迅速流传，在论坛基础上增加小游戏功能，如风靡一时的“偷菜小游戏”	在发布信息的基础上，增加小游戏功能，提升了社交平台的娱乐性与互动性	人人网、开心网
微信息社交平台应用时代	2009 年新浪推出微博，微博可以用文字、图片、视频等多媒体形式，实现信息的即时分享、传播互动，较之前的社交平台，微博在分享信息方面的功能更完善、速度更快	信息能够及时分享，互动性增强。具有便捷性、传播性和原创性的特点	新浪微博、腾讯微博
垂直社交平台应用时代	这是前三个社交平台发展到一定阶段的产物，它的出现不代表前三个平台时代的终止，主要特征是与游戏、电子商务、分类信息等相结合	社交平台多元化，在多方面与人们的生活密切融合	微信、大众点评

（二）社交平台特征

随着社交平台的不断发展，其功能也更加丰富，与人们的生活也越发紧密。但无论何时的社交平台都具备自发性与聚集性的特征。

自发性体现在用户在社交平台上自发创造自己的用户资料、建立自己的账户、创造或转载相关内容、自行设置账户浏览权限和访问特定用户、主动在社交平台上寻找新的社交对象。

社交平台的聚集性主要表现在两个方面：一是不同社交平台由于定位不同，对用户的吸引力不同，因此可以将具备相同特质的用户聚集起来；二是同一社交平台上，用户会主动寻找自身感兴趣的话题，进而形成以话题、关键词进行区分的不同群体。

实例分享

某宠物小程序是针对宠物用户群体开发的社交属性小程序，目的在于引导用户科学养宠，同时为用户提供一个优质、有趣、有益的沟通交流渠道。据介绍，随着社会水平的不断发展，“空巢青年”和“空巢老年”都愿意养宠物陪伴自己，养宠用户已不仅仅局限于老年群体，“80 后”“90 后”养宠人群越来越多，且成为宠物经济的主要消费人群。年轻人对新鲜事物的接受程度较高，更愿意分享互动。该宠物小程序让用户可以分享自己与宠物的幸福时光、实惠好物和科学养宠知识，满足用户在养宠过程中的情感消费需求。

据悉，该宠物小程序不仅仅是一个分享型平台，未来将为养宠用户提供更多的便利性功能，如疫苗提醒、医院定位、宠物小店等，满足用户更加个性化的消费需求，创造更多有趣场景，真正服务于广大养宠用户。

资料来源：联商网.宠物社交平台上线精准触达用户赋能商家.（2018-09-30）[2021-02-08]. http://www.linkshop.com.cn/web/archives/2018/410880.shtml?sf=wd_search.

（三）主流社交平台介绍

目前受人们欢迎的主流社交平台有微信、微博、抖音、小红书、美团、QQ、知乎、哔哩哔哩 bilibili、豆瓣、大众点评等。下面介绍一下其中的几种社交平台。

1. 抖音

抖音是今日头条孵化出的一款音乐创意短视频社交软件，于 2016 年 9 月上线。通过抖音短视频 App，用户不仅可以了解各种奇闻轶事，还可以分享自己的生活，认识朋友。《2020 抖音数据报告》显示，抖音日活跃用户突破 6 亿，日均视频搜索次数突破 4 亿。

实例分享

2021 年 1 月 5 日，抖音发布《2020 抖音数据报告》(以下简称“报告”)。相关负责人介绍，新冠肺炎疫情让线下需求大量转移到线上，视频和直播在人们生活中扮演了越来越重要的角色。为满足用户多种生活场景的需要，抖音先后推出并完善直播、社交、电商、搜索等服务，丰富大众的日常生活。

报告显示，电饭锅蛋糕成为 2020 抖音用户最爱的自制美食，相关视频播放量超过 93 亿次。在家上网课成为新冠肺炎疫情期间学生们的主要学习方式之一。2020 年，抖音上有超过 3 600 万人观看清华大学的直播。此外，北京大学、北京师范大学等高校也在抖音上开设了直播课。

资料来源：360 个人图书馆.2020 抖音数据报告（完整版）.（2021-01-14）[2021-02-09]. http://www.360doc.com/content/21/0114/10/57935769_956798706.shtml.

2. 小红书

小红书成立于 2013 年，以“Inspire Lives 分享和发现世界的精彩”为使命。用户可以在小红书社区中通过短视频、图文等形式记录生活点滴，分享生活方式，并基于兴趣形成互动。人们通过小红书福利社可以一键购买来自全世界的优质美妆、时尚、家电、零食商品。小红书企业号，整合公司资源，更好地链接消费者和品牌，帮助品牌在小红书完成一站式闭环营销，提供全链条服务。

实例分享

小红书几类典型用户场景

案例 A:

目标用户：白领，“90 后”，坐标北上广。对美妆产品和护肤产品有一定的追求，但平时很少有时间出门挑选和采购。

典型使用场景：护肤品快用完了，想尝试新的产品又害怕不适合自己。在和同事的聊天中，了解到小红书上有许多靠谱的测评分享，就下载注册了账号。在工作之余搜索相关笔记，并把不同的商品进行对比，挑选完毕后从笔记底部的链接进入商品界面进行购买。在购物结束后也会分享商品使用体验。

案例 B：

目标用户：高中生和大学生，“95 后”和“00 后”。平时空闲时间较多，热爱潮流文化，容易被新鲜事物吸引，并乐于分享自己的生活。

典型使用场景：在同学的推荐下，发现小红书上有许多时尚潮人分享自己的穿搭，也有很多探店达人进行网红店打卡测评。经过一段时间的使用，开始尝试在小红书上分享自己的生活，并获得其他社区用户的点赞和评论。在互动中认识了许多兴趣相投的同龄人，因此成了小红书的忠实用户。

案例 C：

目标用户：KOL 和明星，有大量“粉丝”积累和高流量，在小红书平台上提高知名度，扩增“粉丝”数量，通过广告推广获得收益。

典型使用场景：在小红书平台上发布日常动态吸引“粉丝”和巩固“粉丝”，通过视频和笔记推荐美妆产品和洗护产品，对接品牌进行产品推广获得收益。

案例 D：

目标用户：咖啡厅、餐厅、酒吧等休闲场所经营者，希望抓住年轻群体探索欲强的特点，吸引更多的消费者到店内消费。

典型使用场景：小红书平台上不仅有购物和服饰分享，还有许多吃喝玩乐的探店记录。下载小红书后，目标用户开始在平台上发布精心拍摄的照片和吸引人的文字描述，并带上坐标定位。平台用户除了可以在“发现”页中看到笔记，还可以在“附近”页中发现休闲场所后直接进行探店。在获得一定人气后，目标用户还可以尝试邀请平台上一些有“粉丝”基础的博主进行宣传。

资料来源：人人都是产品经理 . 小红书，没有什么是不能被种草的 .（2020-05-15）［2021-02-10］. http://www.woshipm.com/evaluating/3862231.html.

3. 美团

美团是一家集吃、喝、行、游、购、娱为一体的平台，其中“吃”是美团的核心业务。美团将“希望消费者吃得好一点”作为其终极目标，致力于为消费者提供美味、便捷、健康的餐饮。除了让消费者“吃”得更好，美团还将业务运用到多种消费场景中为消费者和商户创造价值，以实现“帮大家吃得更好，生活更好”的企业使命，如电影、旅游、住宿等。

实例分享

美团外卖生活场景扩展

直通职场

大众点评网介绍与平台相关操作

（四）社交平台星级排名

为帮助消费者选择更加理想的消费场所，社交平台作为 KOL，通常会推出有关门店的星级排名。图 1－52 是某社交平台关于某地书店的门店星级排名情况。榜单中显示了该地书店的排名情况、与读者所处的地理位置情况、客单价情况和推荐理由。这样的星级排名方便消费者的同时，也对消费者的购物行为产生了一定的影响。作为门店，需要对星级排名的评价指标有所了解才能做出有针对性的调整。

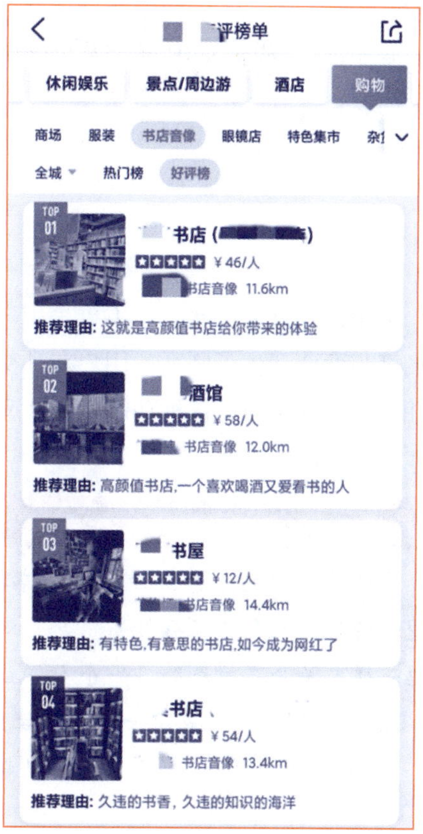

图 1－52 某社交平台某地书店门店的星级排名

以大众点评为例，只有当门店通过审核的精选评价大于或等于 10 条时，才会显示星级。精选评价必须是通过审核的准确客观的评价，评价字数不少于 15 字，评价必须真实可信。图 1－53 为不能通过审核的评价类型。一旦出现不能通过审核的评价或参与评价发布用户的诚信度、质量等因素有问题，都有可能造成门店星级下调。除此以外，当评价作假或评价对消费者不够有帮助时，门店的星级也会下调。

要在榜单中排名靠前，除考虑精选评价数量外，还需要考虑页面停留时长、转化率、访客数、交易数、新增评价数及近七天新增评价数等因素。因此，门店必须将产品和服务质量维持在较高水平，同时合理规划在社交平台中的页面来吸引消费者浏览，并鼓励他们在消费后撰写真实可靠的评价来提升在平台星级排名中的表现。

- 抄袭/雷同评价
- 不当评价，包括灌水/刷分评价、非亲身/无主体体验、广告评价、无关评价、含不当言语评价、违法违规侵权等
- 炒作评价，包括商家炒作、私下试吃试用、批量注册小号炒作、诱导好评等
- 恶意攻击评价，包括离职员工差评、竞争对手攻击差评、差评勒索等

图 1－53　不能通过审核的评价类型

（五）社交平台与商业

无论何种社交平台，已不再是用户之间相互交流、分享生活的简单工具，发展至今它们都与商业产生了联系。用户在社交平台上的每一次分享，都有可能带动其他用户购买相关产品或服务，这种功能就是社交平台带来的“种草”效应。

知识拓展

种草，网络流行语，表示分享推荐某一商品的优秀品质，以激发他人购买欲望的行为，或自己根据外界信息，对某事物产生体验或拥有的欲望的过程；也表示把一样事物分享推荐给另一个人，让另一个人喜欢这种事物的行为，类似网络用语“安利”的用法；还表示一件事物让自己从心里由衷地喜欢。

资料来源：百度百科．种草．[2021-02-20]．https://baike.baidu.com/item/%E7%A7%8D%E8%8D%89/280902?fr=aladdin.

如图 1－54 所示，用户在社交平台上发布动态，如果其他用户对所发布动态感兴趣，就会追踪动态信息。当足够多用户对该信息感兴趣并追踪，便可以引发爆点。这时可以放出动态中相关产品的购买链接来引发大批量用户购买产品。其中部分用户购买后会将使用效果在社交平台发出，特别是 KOL 的参与，有可能再次引发爆点，产生新一轮“种草”效应。

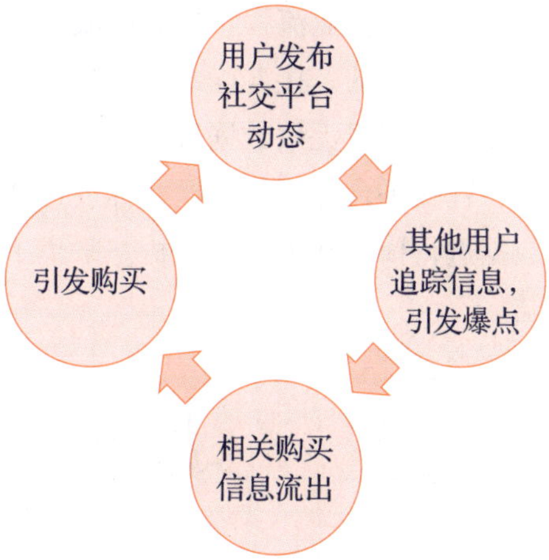

图 1-54 社交平台带来的“种草”效应

知识拓展

主要社交平台营销策略解析

三、社交平台方数据采集

随着社交平台与商业联系越来越紧密，为及时了解消费者需求，数据采集工作已经成为企业做好社交平台营销中必不可少的环节。通过对社交平台上的数据进行采集，可以对企业的战略规划进行科学指导。

（一）社交平台方数据源

社交平台后台系统会主动对数据进行收集，提供丰富的数据分析模块。如在美团后台系统中，可以对时间自定义，进行营业整体状况、商品情况、顾客流量等方面的分析。

除平台后台提供数据外，还可以借助第三方工具来获取数据。目前从第三方工具可获得的数据指标主要有网站的点击数、访问来源数据和用户属性数据。在实际获取数据过程中，还存在部分数据无法通过平台后台系统或第三方工具获取的情况，这时就需要依靠数据分析人员进行手动统计。

（二）社交平台方数据采集作业

社交平台方采集作业需要在制定好目标的基础上进行，才能够有针对性地进行数据采集作业。

图 1－55 是社交平台方数据采集作业流程。根据该流程，社交平台在进行数据采集时，首先需要清楚本次数据采集的目的，接着确定相关数据的获取渠道并对获取的数据进行归纳整理。在采集中，需要注意对无效数据进行删除，对异常数据要注意分析产生异常的原因。整理好数据后，社交平台除了对数据指标进行某一时点的分析外，还要针对不同地区、不同年份的数据进行横向和纵向的分析。采集工作结束后，还需要对整个数据采集工作进行归纳总结。

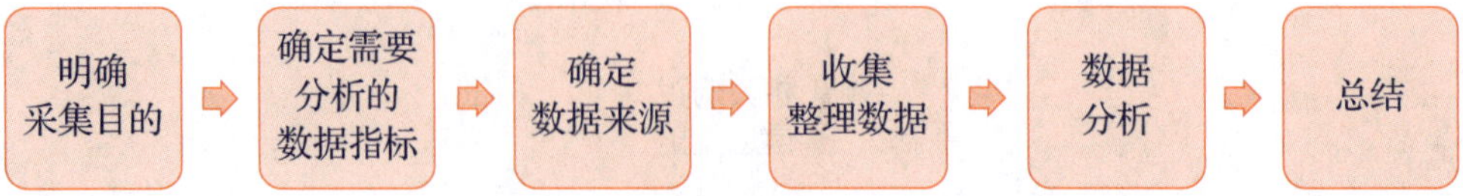

图 1－55　社交平台方数据采集作业流程

图 1－56 是在社交平台后台获取的社交平台方为商家提供的经营问题诊断。通过对要查看数据的时间期限进行设置，可以看到该商家一周内存在满减类活动未达标、因为缺货导致的较高退款率问题。通过对数据进行整理，结合商家的经营战略，可以分析出该商家为避免类似问题出现该如何改进的方法，为制定更长远的营销计划做好准备。

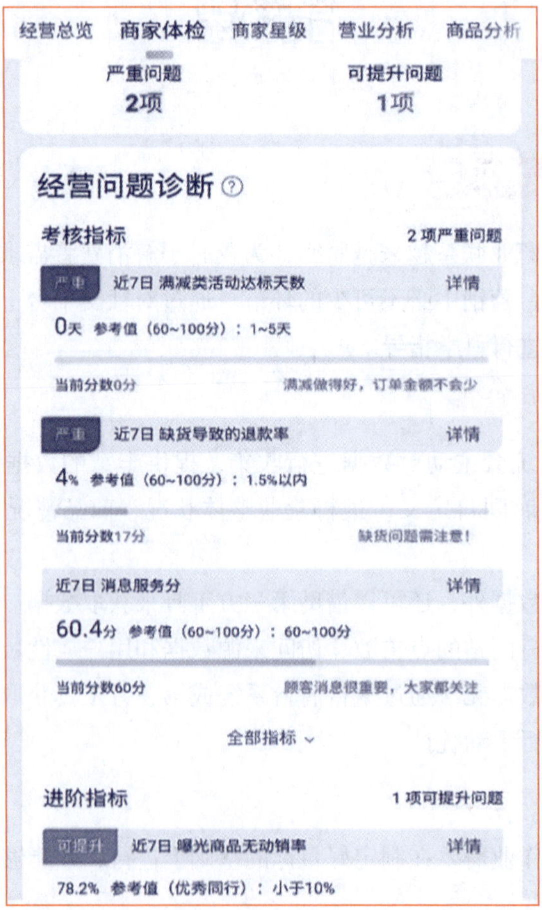

图 1－56　平台方数据－商家体检

四、平台顾客方反馈数据采集

（一）顾客方反馈渠道

顾客方反馈可以分为实时反馈和事后反馈。

实时反馈即顾客在产品发布时，通过产品发布平台，以文字、点赞等形式进行反馈，如直播中顾客通过发送弹幕的方式对产品进行评价。

事后反馈可以通过线上和线下两条渠道。线上渠道与实时反馈类似，顾客可以在产品发布动态的下方进行评论，但从时间上来看，顾客评价时间滞后于产品发布时间。图 1 - 57 是顾客通过微博评论的方式对企业发布的新产品可进行评价的界面。

图 1 - 57　顾客可进行评论的界面

除评论外，顾客还可以对产品动态进行收藏、转发、点赞。其中，顾客转发产品的动态可以形成新动态。顾客选择转发动态的平台可以是当前平台，也可以是第三方平台。无论哪种都会在新动态中形成新的顾客反馈。特别是如果转发动态的顾客是 KOL，其发布的动态影响会成倍增长，新接收到的顾客反馈也会受 KOL 的影响成倍增长。

顾客事后反馈也可以在线下进行，即直接到门店进行信息反馈，然而平台顾客选择到线下反馈，反馈的内容通常以不满意为主，因此应避免这种情况的发生。

总体来看，平台顾客方反馈内容直接、全面。平台面向的顾客范围广、类型多，任何一条反馈信息都有可能造成较大的影响。因此，在采集平台顾客方反馈数据时，商家要及时对反馈数据进行整理，学会筛选真实可靠的数据，以提取准确信息，为后期决策做好准备。

（二）平台顾客方反馈数据采集作业

图 1－58 是顾客方反馈数据采集作业的流程。顾客方反馈数据的采集也需要在制定好目标的基础上确定好需要分析的数据指标。由于原动态以及转发或内容相关动态下都有可能存在顾客反馈信息，因此在顾客方反馈数据采集时更要注意数据的完整性。

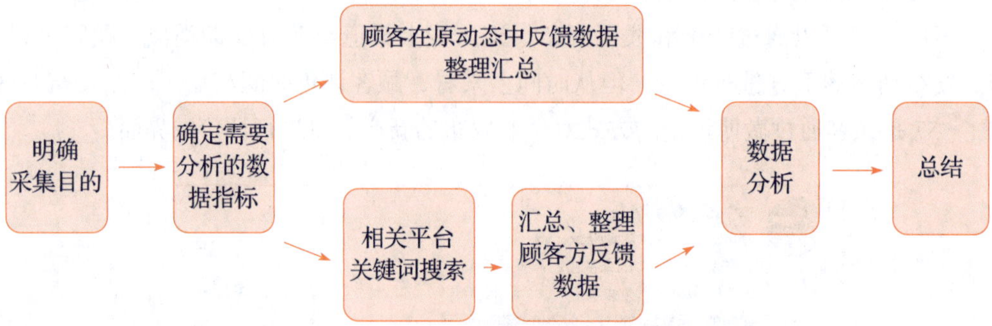

图 1－58　顾客方反馈数据采集作业的流程

采集时可以先对原始动态，即企业所发布动态下方的反馈信息进行数据采集。针对转发或相关动态下的数据采集可以通过在平台搜索关键词的方式进行，搜索完成后要注意对所采集到的数据进行筛选、整理。值得注意的是，无论从哪种渠道采集，从顾客方所获得的数据都有可能存在反馈信息不实、夸大等情况，因此对所采集的内容要进行反复调查核实。所有数据收集完毕，要对关键指标进行分析，挖掘数据形成的原因。顾客方反馈数据采集完成后，还要对本次采集工作进行总结。

知识拓展

微博顾客方数据采集中需要关注的指标

微博需要关注三个基本指标和三个辅助指标。三个基本指标包括关注度、“粉丝”数和微博数。关注度可以反映微博内容的宣传范围，通常来说，关注度越高则该微博内容的影响范围越大。“粉丝”数反映博主被多少微博用户关注，可以直接反映微博的运营情况。微博数是博主发布微博的总数，可以反映微博内容的丰富程度，博主的在线度、开放度、互动性等。三个辅助指标包括转发数、评论数和点赞数。转发数反映微博的传播范围，评论数是其他微博用户对某一条微博的评论数量，点赞数反映微博内容的受欢迎程度。

资料来源：倪妮，黄涛．数字营销［M］．重庆：西南师范大学出版社，2019：171-172.

五、门店平台公众号互动信息采集

（一）门店平台公众号特征及作用

公众号是开发者或门店在社交平台上申请的应用账号，以实现和特定群体的文字、图片、语音、视频的全方位沟通互动，是目前一种主流的线上线下互动营销方式。门店平台公众号的特点主要表现在以下几方面。

1. 传播速度快

公众号依托社交平台运行。社交平台具备传播速度快、传播范围广等特点。依托社交平台，平台公众号也继承了这些特点。企业在社交平台建立公众号，通过手机等移动设备，可以随时随地对消息进行编辑、发布，平台公众号的读者也可以随时接收信息，方便快捷。这样的便利性带来信息可以快速传播的特性。

2. 节约成本

通过在平台上建立公众号，门店和顾客之间增加了互动性。顾客主动沟通让门店可以花费更少的广告费和人力成本来帮助顾客解决问题。如果顾客体验良好，还会通过转发等方式来帮助门店进一步宣传，扩大影响力，节约了运营成本。

3. 宣传方式多元化

相比传统方式，通过公众号提供更加多元化的宣传渠道。在表达方式上支持文字、图片、语音、视频以及混合式编辑方式。其中语音和视频贴近面对面交流，拉近了门店与顾客间的距离，可即时回复，使产品宣传更有趣，更有说服力。

（二）门店平台公众号运营基本作业

门店平台公众号的运营能帮助门店打开与顾客之间的沟通渠道，形成良好的顾客关系，提升门店顾客忠诚度，为门店经营服务。门店平台公众号运营作业主要涉及两方面内容，一是运营初期的账号设置，二是日常账号运营。

1. 账号设置

公众号运营的第一步是账号设置，需要设置的信息包括公众号名称、头像、功能介绍、菜单、自动回复信息设置。通过有效的账号设置可以帮助门店获得良好的初步印象。账号设置是今后公众号运营的基础，除了要让人印象深刻，还需要与门店的发展战略、品牌形象一致。

（1）公众号名称。公众号名称是门店身份识别的重要标志。一般在选定名称时要注意避免使用生僻字、贬义词。为体现个性，也要与其他公众号相区别，尽可能避免大众化的名称。图 1－59 是公众号名称设置时应注意的问题。

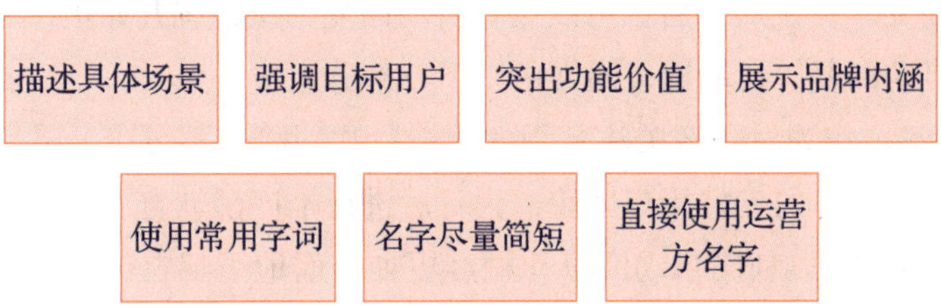

图 1－59　公众号名称设置时应注意的问题

（2）头像。公众号头像首先应当做到设计风格简单、具备足够的清晰度，才能让顾客尽快识别并记住。在颜色上也应当色泽鲜明，尽量不超过三种颜色。其次头像应当与公众号名称相关联，这样才能起到互为补充、互相解释的作用。公众号头像可以直接选用文字、人物头像、品牌 logo 等。

（3）功能介绍。在公众号名称下方一栏还需要填写公众号功能，它是顾客详细了解公众号的最先环节。功能介绍中需要说明运营者开通公众号的作用。具体写作时应当让顾客能够轻易看懂来提升其传播性，同时还能起到帮助顾客做决定的作用。具体写作技巧如图 1－60 所示。

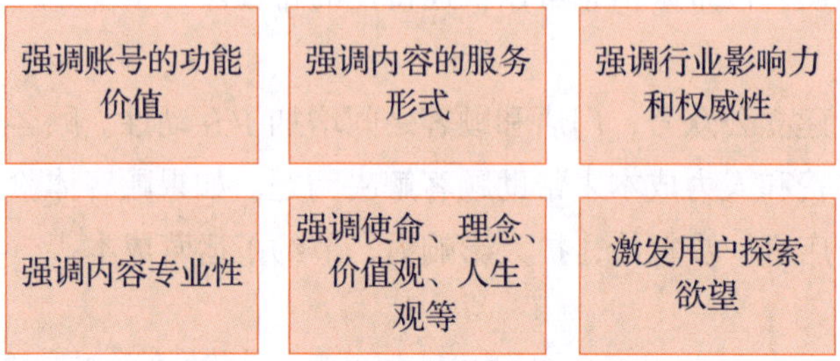

图 1－60　写好公众号功能介绍的 6 个技巧

（4）菜单。公众号的菜单栏可以看作是自助服务系统，能够帮助顾客解决一些常见的问题并提供基本的服务。在进行菜单栏设计时需要基于顾客需求对业务进行分组，才能够让顾客通过菜单栏高效率找到公众号提供的服务。表 1－34 是有关菜单栏内容分组的建议。

表 1－34　菜单栏内容分组的建议

类别	类别说明	可以包含的内容	其他注意事项
内容入口	顾客最基本、最高频需求	历史文章、爆款合集、搜索	菜单需要定期优化、更新内容；形式不要太花哨，以解决问题为主
变现入口	主要围绕本身的变现方式来设置菜单	电商入口、课程入口、产品入口、社群入口、咨询入口	
服务入口	公众号的本质即提供服务，需根据变现模式和运营机制设置	根据顾客需求来设置，如我的课程、我的卡券	
联系入口	让其他人能够联系到你	征稿、招聘、互推	
其他入口	灵活设置其他必要菜单	App 下载链接	

（5）自动回复。在公众号后台可以设置自动回复，从顾客开始关注公众号开始，就会收到第一条自动回复。自动回复通常由以下三部分组成：

1）欢迎文案。作为对顾客关注行为的回馈，欢迎辞必不可少。需要让顾客有被重视的感觉，以形成初步的良好用户体验，为日后进行推广活动打下基础。

2）自我介绍。可以利用自动回复让顾客更加全面地了解自己，因此在自动回复中可以进行企业文化价值、服务类型、服务形式等方面的宣传。

3）引导用户参与互动。自动回复的目的是希望与顾客发生更多互动，因此可以在自动回复中设置超链接、引导回复关键词、引导点击菜单栏等。

2. 日常账号运营

（1）选题。在进行公众号选题时，首先需要明确自己的目标顾客群，了解目标顾客的需求以及明确公众号将为自己解决哪些具体问题。在此基础上再进行公众号的内容规划。公众号的内容规划包括：对内容周期规划，即多久更新一次；内容形式，即使用文字、图片、音频、视频等；内容来源，可以采用的方式有原创、采访、整合、UGC（用户原创内容）等；内容风格，决定了公众号形象，应与企业文化相匹配。

（2）标题。公众号内所发表的文章应当引起顾客的共鸣，让顾客感到文章与自身相关或者让顾客感到文章对自己有用。在此基础上，公众号的内容应当戳中顾客的痛点。所谓痛点往往都是一些需要解决却尚未解决的问题。如果标题正好可以满足顾客这一需求，更容易引起顾客关注。

（3）正文。文章开头应当能够快速引起顾客的注意，激发顾客的阅读兴趣，应当尽量直入主题，避免啰唆。结尾也应当与文章开头相呼应，总结文章内容，加深印象的同时升华主题，加深阅读者的共鸣。在文章主体部分语言应当生动有趣，与顾客形成良性沟通，并配合图片等多种表达方式进行说明。另外，在主体部分还可以加入小标题，来帮助顾客更好地进行阅读。

实例分享

某公众号内容分享

（三）门店平台公众号“粉丝”管理方法

1. 新“粉丝”

门店除可以在线下提醒顾客关注公众号，还可以利用公众号内文章来提升关注度。可以在文章中提示读者关注公众号的方法。例如，在文首或文末添加引导语，提醒用户关注。如果一篇文章不足以带动产生新“粉丝”，还可以在公众号中设置关联更多相关文章来提升关注概率。例如，在文章末尾提示回复某关键词可以查看更多文章。

2. 老“粉丝”

对于老“粉丝”应当鼓励其转发、点赞、评论来提升账号的品牌价值和用户活跃度。利用评论区与“粉丝”进行互动。对评论区的留言要进行精选并放出部分评论。运营者需要对评论的走向了解并对部分评论进行回复。回复时还应注意语气，让“粉丝”感觉到舒服。

无论是对新“粉丝”还是对老“粉丝”，都要注意进行维护，要设立专门的运营人员对“粉丝”进行管理，对“粉丝”所作评论进行回复。在公众号无法按时更新时，也要在公众号中提前说明。

（四）门店平台公众号互动信息采集作业

门店平台公众号运营人员需要通过对公众号数据进行采集整理来了解“粉丝”信息，及时对“粉丝”行为做出回应。在进行数据采集时，首先需要清楚本次数据采集的目的，明确需要采集的关键指标。图 1－61 是公众号互动信息采集作业中需重点关注的三类指标以及三类指标下的具体观测指标。每次采集数据时，运营人员可以根据采集目的的不同来选择合适的观测指标。对采集到的数据要做好整理工作并进行数据分析。采集工作结束后，还需要对整个数据采集工作进行归纳总结。

类别	具体观测指标
用户增长数据	·用户净增、新增、取关 ·用户来源（公众号搜索、图文页内公众号名称、名片分享、扫描二维码）
阅读量数据	·阅读量变化趋势 ·公众号会话打开人数 ·文章转发分享人数 ·朋友圈阅读量占比
用户互动数据	·点赞数 ·留言数 ·菜单点击数

图 1－61　三个类别数据的具体观测指标

在对数据进行采集时，除了需要选取合适的指标进行采集外，还需要注意以下问题：

1. 客观对待取关人数

顾客取消关注意味着“粉丝”的流失，但是“粉丝”的流失并不一定意味着公众号的失败。通常门店会设置流失率警戒线，它是根据每个平台的流失人数及趋势统计得来的。只有当取消关注的人数超过警戒线，运营人员才需要引起重视。

2. 需要对数据变化趋势收集整理

某节点的数据仅反映公众号某个时间点的状态，不能客观地对整体结果做出评价。通过对某时间段数据进行收集整理，可以了解数据的变化趋势，得出更加客观的结论。

3. 对周末数据进行着重分析

周末是人们的休息时间，是公众号运营人员发布文章的最佳时机。因此，收集用户周末行为数据非常重要。在收集周末数据时，需要分时间点来收集数据，以便选择更为合适的发文时间。

4. 对“粉丝”发送评论的时间点进行收集

在收集该数据时应首先对消息发送次数时间点进行排序，接着统计发送次数最多的时间点。这样有助于后期分析得出与“粉丝”互动的最佳时机。

思政园地

如何避免成为大数据下的“透明人”

当前，网购、网约车、网上银行等互联网服务全方位地从虚拟数据世界介入到现实生活中。人们已经习惯为了获取便利高效的服务，录入自己的姓名、电话、住址、银行卡号等隐私信息。随着生物科技的发展，指纹、面容等个人生物信息也被作为特殊密钥，用于消费支付和解锁登录等。

人们享受着大数据时代前所未有的便捷，可能未曾想到自己在网络中的所有活动都被数字化留存，这些数字信息借由机器和技术的力量，有将公众变成“透明人”的风险。

隐私保护与数据利用有冲突

朱某在某搜索引擎上搜索“减肥”等关键字后，再进入其他网站时，会出现与其之前搜索的关键词相关的减肥广告等。朱某认为，该网站记录和跟踪其搜索痕迹，并据此进行广告投放的行为侵害了其隐私权，使其感到恐惧、精神高度紧张，影响了正常的工作和生活，因此选择诉诸法律。

实际上，朱某的遭遇十分常见。我们在上网时经常会发现各种能够“读懂人心”的广告，这就是网络定向广告（OBA）。这种广告通过大数据手段收集用户消费信息，从而精准投放符合用户偏好的广告。网络定向广告能够大幅度提高广告宣传效率，但对个人隐私保护带来了巨大风险。许多网站和软件通过以明示告知和默示同意相结合的隐私条款，以规避侵权风险，但是这种做法是否合理则争议较大。因为用户如果不同意这种隐私条款，在网络世界中将举步维艰。

在大数据时代下，很多对个人数据信息的利用行为伴随着侵犯隐私的风险。目前，指纹、面部和虹膜识别等个人生物信息在商业应用、社会治理和国家安全等领域具有广阔前景。但是，“公民个人生物信息具有唯一性和不可变更的特质，一旦泄露就是终身泄露，其敏感程度和利用价值远高于一般信息，存在特殊风险”。

隐私信息泄露极易发生

鲁某为自己的朋友庞某在去哪儿网订购了中国东方航空的机票一张。在购票过程中，鲁某并未填写过庞某的手机号。两天后，庞某的手机却收到了通知其航班取消的诈骗短信。未曾留存过的手机号却被诈骗团伙获知，甚至匹配出自己的姓名和航班信息，庞某认为其个人隐私信息被代理公司和东航泄露，并一纸诉状将两个公司诉至法庭。最终二审法院认定两被告应当承担侵权责任。

实践中，许多网络信息平台在商业利益诱惑下，将所收集的消费者隐私信息数据用于其他用途或是出售给第三方，导致大量隐私信息泄露。同时，在缺乏成熟的数据保护技术，数据保护意识不强，保护力度不足的情况下，数据库中的个人隐私信息也极易泄露，并存在被恶意使用的风险。万豪酒店约 2.4 亿条客户资料泄露、圆通

10 亿条快递信息泄露、优衣库网站逾 46 万客户资料泄露……层出不穷的信息泄露事件都在提醒我们要重视数据信息保护，强化隐私信息的合法收集、限制使用与安全储存。

公众隐私保护意识不足

2017 年 11 月，我国首家“信息换商品”门店开业，顾客可以用自己的隐私换购各种价位的商品。但在换购后，出卖手机号码的顾客马上收到一则垃圾短信，出卖邮箱地址的顾客被搜索出用该邮箱地址注册过的网站，出卖照片的顾客则被用照片合成了脱发广告的代言人。实际上，主办方的目的，就是通过信息换购商品的形式，提醒公众要提高个人信息保护意识。

大数据时代隐私的暴露无处不在，人们往往对自己的隐私缺乏保护意识，会用个人隐私的披露换取高效便捷的服务或是娱乐体验。在“信息换商品”活动中，有体验者直言，“这有啥可怕的？反正我的信息已经到处都是了”。隐私保护意识不强为违法分子提供了可乘之机。网络上存在许多第三方软件，用户输入个人姓名、性别、生辰八字、手机号等信息，来测试所谓的前世身份、爱情观等，这实际上是后台运营商收集个人隐私数据的手段，运营商完全可以根据用户输入的个人信息拼凑出完整的隐私资料，具有引发电信诈骗和电信盗窃的可能。

完善隐私保护法律政策体系

需要指出的是，尽管面临诸多挑战，但我们不能因噎废食，而是应当在对个人信息数据的使用和保护之间寻找平衡点，在隐私保护允许的范围内充分发挥大数据的应用优势，推动大数据发展。

我国在侵权责任法律中首次明确对隐私权的保护，2012 年以来出台了一系列政策法规加强对个人信息的保护。如 2015 年《刑法》修正案（九）中新增了“侵犯公民个人信息罪”“拒不履行信息网络安全管理义务罪”“非法利用信息网络罪”“帮助信息网络犯罪活动罪”，为网络个人隐私信息提供了法律保护。2016 年《网络安全法》中的“网络信息安全”一章，从个人信息收集、使用以及保护的角度进行了规定。《民法典》中确认了个人信息自主权，明文规定自然人的个人信息受法律保护。

笔者以为，加强大数据时代的隐私保护，需做到以下三点：

首先，完善隐私保护的法律政策体系。可借鉴欧盟《统一数据保护条例》的经验，整合我国目前在相关法律法规中对于个人信息及隐私权保护的规定和措施，对个人信息及隐私权保护进行专门立法，具体明确相应的权利内容、维权方式和侵权责任，对公民个人信息的采集、利用和保护进行规范，解决当前法律依据碎片化、保护途径间接化、司法救济薄弱化的问题。

其次，提升数据信息保护的技术水平，健全数据使用的监管机制。针对系统漏洞和技术薄弱处更新技术保护手段，加强数据库安全维护。同时强化数据库监管，设立数据库监管的执法机关，针对数据库管理和使用机构内部人员违法盗取和出售个人数据的行为进行监管，并定期发布各数据库使用状况和安全评估的报告。

最后，强化公众的隐私保护意识，引导公众主动拒绝不良网站、企业等非法收集个人信息的要求，对于侵犯个人隐私的行为要勇于发声，拿起法律武器捍卫自己的隐私权利。

资料来源：范森．如何避免成为大数据下的“透明人”[N]．光明日报，2019-06-23（07）.

通关练习

一、选择题

1. 采购基本环节包括（　　）和跟踪管理四个步骤。

A. 确认需求　　B. 开发需求　　C. 选择供应商　　D. 谈判洽谈

2. 搜索引擎推广最常用的方式包括（　　）。

A. 竞价排名　　B. 搜索引擎优化　　C. 图片优化　　D. 站外链接优化

3. 热门视频三要素是（　　）。

A. 较高的点赞数　　B. 较多的评论数　　C. 较高的完播率　　D. 附加服务

4. 通常以（　　）拍摄酒水饮料类，能够拍出较高物体的主要特征。

A. 0 度　　B. 30 度　　C. 45 度　　D. 90 度

5. 门店平台公众号的特点主要表现在（　　）。

A. 传播速度快　　B. 较多的评论数　　C. 宣传方式多元化　　D. 节约成本

6. 公众号后台可以设置自动回复，自动回复通常由（　　）三部分组成。

A. 欢迎文案　　B. 自我介绍　　C. 引导用户参与互动　　D. 促销技巧

7. 企业公众号头像可以直接选用文字、人物头像、（　　）等。

A. 自己宠物头像　　B. 花草植物　　C. 摩天大楼　　D. 品牌 logo

8.（　　）是指系统根据每个用户的偏好，对商家进行个性化排序。

A. 用户画像　　B. 用户场景因素　　C. 用户反馈　　D. 用户调研

二、填空题

1. ______________能够对门店运营环节全方位数据源实时连接，能够对接总部和兄弟门店信息管理系统，能够对门店上下游资源进行整合，并基于大数据能力提供更多增值服务，搭建完善“生态圈层”。

2. 收银结算数据采集报表有____________报表、月报表等，根据业态不同，形式也会有所区别。

3. ______________、______________、______________和背景页被称为微信四件套。

4. 微信公众后台的统计模块功能，为用户提供六大分析项目：用户分析、图文分析、菜单分析、消息分析、______________________和______________________。

5. 在门店平台公众号“粉丝”管理方法中，对于老“粉丝”应当鼓励其____________、________________、______________来提升账号的品牌价值和用户活跃度。

三、思考题

1. 门店采购的模式有哪些？它们的优势和劣势分别是怎样的？
2. 如何根据目标客群精准画像进行推广？
3. 如何分别避免门店微信朋友圈操作的“十大误区”？
4. 餐饮门店怎样才能拍出优质的产品素材照片？
5. 5G 时代的 KOL 具备哪些特征？

模块二

门店基础协助

学习目标

知识目标

- 认识 QSC 的基本概念；
- 知道督导 QSC 管理的要点；
- 了解门店规章制度执行与管理的方式；
- 熟悉门店基础协助的主要内容。

能力目标

- 会编制所需各项管理规章制度的标准；
- 能组织制订门店培训计划；
- 能利用 QSC 等考核标准对店员工作进行监督。

思政目标

- 培养大局意识，认识到规章制度对组织管理的重要性；
- 培养对工作精益求精的态度，在任何岗位上都能规范操作。

知识导图

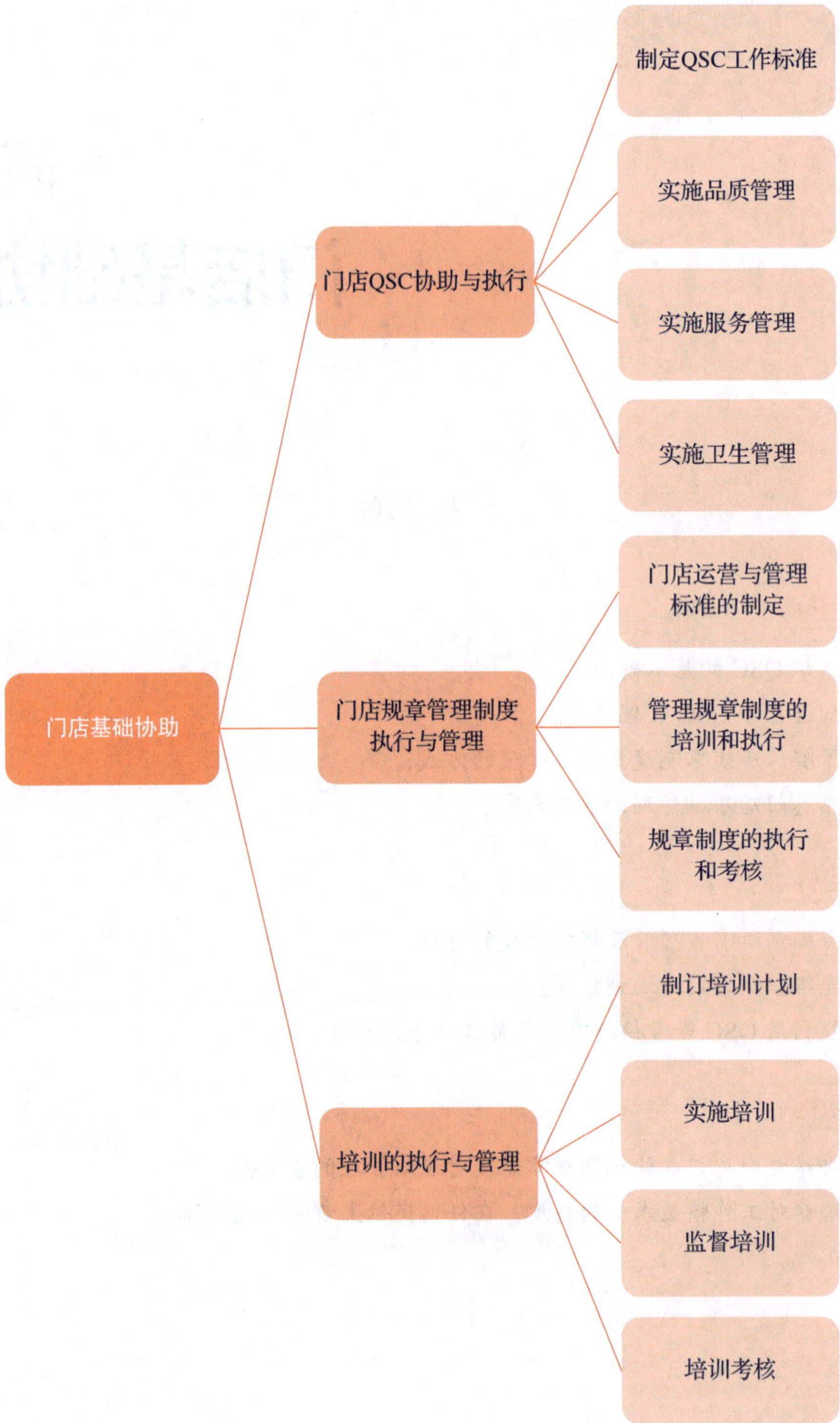
门店基础协助
门店QSC协助与执行
制定QSC工作标准
实施品质管理
实施服务管理
实施卫生管理
门店规章管理制度执行与管理
门店运营与管理标准的制定
管理规章制度的培训和执行
规章制度的执行和考核
培训的执行与管理
制订培训计划
实施培训
监督培训
培训考核

单元一 1 门店 QSC 协助与执行

案例导入

技术驱动餐饮企业商业模式的变革

2020 年的春节本该充满欢声笑语，然而一场突如其来的新冠肺炎疫情打破了所有的欢乐，持续多月的疫情给餐饮行业带来极其深远的影响。人们经过长期的卫生知识普及后，在消费时的品牌、健康、安全意识进一步加强。

苏州集造材料科技有限公司准确把握市场和消费者行为变化趋势，多年磨一剑，利用现代科技手段研发和打造了“智能蒸、煮、烫、保温一体机”，用创新的思维和模式打造了“沙百味”品牌。

2020 年年初，苏州沙百味餐饮管理有限公司在苏州平江万达广场开出第一家沙百味·沙县轻食店，就是这样一家 40 平方米的小店，从选址到整装完毕不到 7 天，日均销售额却可以达到 5 000 元以上，店员不过 3 个人。此店一经问世便迅速轰动市场，不到几个月的时间全国签约门店已达 200 多家。

一、变革之前

传统沙县小吃的制作，一是以人的操作技术为依托，产品操作复杂。人员需要花费大量的时间进行培训，包括现场采购、初加工、制作等工序，所以大部分门店的经营对人员的操作技术依赖度高。二是设备多样且效率低下。传统的沙县小吃是以烧炭或以瓶装燃气加热为主，既不卫生，也不安全，若是以传统方式的运作将难以实现标准化、统一性和安全性。三是门店形象不统一、动线不合理、产品制作区域不透明（独立封闭厨房），客户体验感差。

二、变革

沙百味·沙县轻食是苏州沙百味餐饮管理有限公司自 2018 年年初就开始立项的，但如果采用传统的沙县小吃店的打法，无疑在高度竞争的环境下是无法取得竞争优势的，因此苏州集造材料科技有限公司前后经过近两年的调研、考察、研发、测试、生产等，终于在2019年年底实现了“智能蒸、煮、烫、保温一体机”的研发和投产，同步完成连锁门店整店输出的研发，实现模块化5～7天高效率开店的模式，使得门店的开店速度、品质、体验感得到极大的提升；针对市场现状，苏州集造材料科技有限公司投入大量的人力、物力，并历时两年的时间研发，以技术公关为突破口，实现了1台设备开1家店（店内的40多款产品通过1台智能设备完成所有出品，单台设备实现蒸、煮、保温、烫一体化操作，减少门店用工和对操作人员的技术依赖、减少了厨房的占地面积，实现了人效和平效的大幅提升）。

第一，“智能蒸、煮、烫、保温一体机”的问世。不再依赖于厨师的操作技能，把人的厨艺技艺转变成标准化技术，实现了产品出品的标准化，把传统的蒸、煮、烫、保温方式变成了一键控制，实现了出品的简单化操作。以智能、高效、美观、节能、环保的形象推向市场，实现了中餐出品的快速、标准和统一性。

第二，由于智能设备的高度集成化（多功能集合为一体），极大地缩减了投资者的成本，降低了用电功率，同时门店的设备投资额大幅降低。1家门店的投资金额不到传统门店的1/3，实现了1台设备开1家店的设想，在真正意义上实现了小本创业、轻松创业。

第三，极大地解放了劳动力，1个人操作，可保障40多道产品出品，每家门店的新进人员只需要进行备餐和出品，操作效率高，培训简单。

第四，良好的客户体验。现点现出，极大地提高了出品的速度。

第五，极大地缩减了厨房面积使用，1台设备就是1个厨房。

第六，采用集成模块装配方式，对运营动线进行科学规划设计，实现全国门店的高品质和好体验，同时采用开放式吧台模式确保食品安全。

思考：

1. 是什么神奇的力量把这样一家小吃店做到现在的成绩呢？
2. 相较于之前的传统餐饮业态，这种变革的优势还有哪些？

一、制定QSC工作标准

各企业都非常重视门店的QSC建设，但有时候也存在企业拥有检查制度，却没能起到督察作用的情况，导致QSC建设的效果与作用没能有效发挥出来。在门店实际运行过程中，人们经常会遇到这样的问题：拿着门店QSC检查表格和管理者一起做检查的时候，因为检查表中的内容没有可实际参考的具体标准，所以无法进行明确的判定。解决这个问题的方法就是制定现场人员在QSC工作方面的标准，以确保工作能够顺利执行。所以，标准的设计就是QSC管理的底层逻辑，而它落地的关键在于可执行性。

（一）QSC工作标准的定义

QSC工作标准是商品品质、服务质量、清洁卫生的简称，是指门店对于品质、服务、清洁的统一管理，是门店品质管理工作所必须遵循的准则和依据，其目的是保障QSC工作实施，以达到预期效果。QSC的释义如表2-1所示。

表2-1 QSC的释义

Q	QUALITY	商品品质
S	SERVICE	服务质量
C	CLEANLINESS	清洁卫生

1. Q—商品品质

广义的商品品质是一个综合性的概念，它涉及商品本身及商品流通过程中诸因素的影响。从现代市场观念来看，是商品质量、外观质量、社会质量和经济质量等方面内容的综合体现。狭义的商品品质主要是指商品质量。

2. S—服务质量

服务质量是满足规定或潜在要求特征的总和。特征是用以区分同类服务中不同规格、档次、品味的概念。服务质量是顾客的预期服务质量同其感知服务质量的比较。预期服务质量是顾客对服务企业所提供服务预期的满意度。感知服务质量则是顾客对服务企业提供的服务实际感知的水平。如果顾客对服务的感知水平符合或高于其预期水平，则顾客获得较高的满意度，从而认为企业具有较高的服务质量；反之，则会认为企业的服务质量较低。因而服务质量应该能被顾客所识别和认可。

为了让顾客产生下次还来这家门店消费的想法，首先应该站在顾客的立场，掌握顾客的心理。顾客的立场一般集中于以下两个方面：

（1）顾客对店员的印象。良好的印象不仅包括得体的衣着打扮，大方的举止和沉稳的态度更为重要。店员的一举一动都会在顾客心目中形成一个印象，这种印象最终会影响顾客对门店及产品的看法。

（2）接待顾客所用的时间。为了保证能够恰当地接待顾客，应拟定与顾客的消费程序相吻合的服务流程。为了保持一定的服务水平，需要将服务内容规范化，管理人员可以更明确地进行服务质量检查。

3. C—清洁卫生

清洁状况是一个门店卫生清洁的具体体现。它不仅包含从业人员的卫生和健康管理，还包括生产环境、售卖环境、展示环境，以及设施设备的清洁、消毒和维护保养等。这是从商品源头到服务消费者以及产生社会效应的各环节操作的规程。

门店清洁的目的是维持门店营业的干净整洁。如果让顾客感觉到门店清洁卫生不够好，那么门店就会失去顾客。为了避免这一情况的出现，就必须做好门店合理的清洁安排，保持门店的干净、卫生。

只有使QSC达到一定的水平，才能为顾客提供物超所值的体验，为门店增加销售额。QSC工作标准可以理解为是门店对于品质、服务、清洁进行统一管理的准则和督查的依据。

实例分享

麦当劳的 QSC&V 经营理念

图片来源：https://www.mcdonalds.com.cn/index/McD/about/value.

（二）制定 QSC 工作标准的一般原则与流程

1. 制定 QSC 工作标准的一般原则

制定 QSC 工作标准是影响企业发展的一项基础性工作，它是一项技术性和经济性都很强的工作。一个QSC工作标准的制定是否合理、可行，直接影响到该标准的实施效果，也影响到实施QSC效益的大小，甚至会影响企业的发展未来。因此，制定QSC工作标准时，须认真遵循下列原则：

（1）可执行性原则。企业制定的QSC工作标准主要是在自己的企业贯彻实施，应该从企业的实际情况出发，结合企业的资源条件，适合企业运营的实际情况，具备可操作、可执行、可量化、可检查。标准内容应简明、清晰、通俗易懂，措辞应准确、清楚、符合逻辑，语句结构紧凑严密，避免模棱两可。同时，建立标准时，应明确标准的类型、标准的水平，是否具备实行标准的条件，是否有评价方法可以测量，是否反映服务对象的需求和实践需要等。标准中应详细描述要求的行为或结果，确有需要时，可将其存在的状况、程度用数据来表达。

（2）效益最佳原则。制定QSC工作标准的根本目的是帮助企业获取最佳效益。因此，要以先进技术和先进经验为基础，综合考虑经济效益和社会效益，做到经济合理，服务于企业的发展战略。

（3）稳定性原则。QSC标准制定后应保持相对稳定，并在一定的技术发展水平上组织实施，以获得经济效益。但是随着企业的发展和要求的变化，应适时复审，并进行修订。

2. 制定QSC工作标准的一般流程

制定QSC工作标准一般分为三个步骤：规划设计、运行调整、检查完善，如表2－2所示。

表2－2 制定QSC工作标准的步骤

步骤	工作内容	工作要求
规划设计	结合企业发展需求，进行充分的资料准备和调研，依据制定QSC工作标准的一般原则，对QSC工作标准进行规划设计	在规划设计过程中，应明确企业品牌定位、客单价、体验感类别、消费场景界定、人员配置要求等信息
运行调整	在完成工作标准的规划设计后至标准确定实施前，应进行小范围的运行，以检查标准组织实施的可执行性	试运行过程中，注意发现标准中存在的问题，并进行调整
检查完善	没有检查制度的标准是无效的标准，因此要制定工作标准的自查和检查流程，并在自查和检查中发现问题	对标准进行完善、修正，最终形成QSC工作标准

（三）制定QSC工作标准的具体内容

1. 制定商品品质的标准

制定商品品质标准主要可从采购、存储、加工、销售四个环节的品质管控来考虑。

（1）采购。在采购环节，应结合产品定位，依据国标和行业标准，严格选择供货商，建立一套针对门店收货时可用的鉴别方法和收货流程，形成相关的档案管理，制定商品采购的品控标准，为门店提供相关的收货依据。例如，苹果收货时，在验收苹果的大小规格和商品品相时常见的错误是凭经验收货，正确的做法是建立可供企业内部使用的商品验收识别卡，用参照物比较的方法来进行验收。这样验收起来就会既形象又快速，而且这样的标准制定出来后，每一个员工都可以按标准执行收货。

直通职场

商品验收识别卡

（2）存储。当商品到达门店后，需要按商品品类建立一套针对不同类别商品的存储流程和保管方式，以保障商品品质。例如储存方面用得比较多的就是冷藏箱，在冷藏储存标准的设计时，常见的问题是没有看板参照，要求员工去记住每层放什么食材。推荐的做法是用图片加表格的方式对冷藏箱不同温控区域、不同食材的存放温度区间、层架设计和摆放标准等进行说明和张贴，对需要注意的事项进行说明，以免影响储存食材的新鲜度以及出品后的口感。

（3）加工。门店在进行商品加工时，除应符合国标和行业的加工标准及卫生标准外，还可从生产时间、储藏环境、出厂时间、保质期、质量性能说明、相关检测合格标签和合格证明等方面制定商品品控标准。同时，还应对加工中的一些操作细节和流程提出可量化的核查标准，以蔬菜类为例的原料加工流程如图2－1所示。

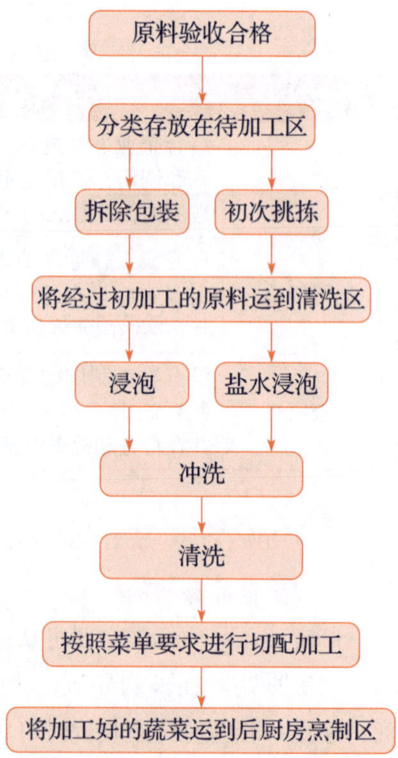

图2－1　原料加工流程（蔬菜类）

（4）销售。商品进入销售环节后仍然需要关注品控标准。当门店员工进行商品补货上架时应严格遵守商品先进先出原则。门店内部应定期组织保质期自检，特别是低温奶制品、低温肉制品、糕点、馅饼等商品应每天自检。

2. 制定服务质量的标准

服务质量标准是企业为使目标顾客满意而提供的服务水平的基本要求。服务质量由服务的技术质量、职能质量、形象质量和真实瞬间四个方面构成。

（1）技术质量。技术质量是指服务过程的产出，即顾客从服务过程中所得到的东西，如为顾客提供的菜肴和饮料等。对于技术质量，顾客容易感知，也便于评价。

（2）职能质量。职能质量是指服务推广的过程中顾客所感受到的服务人员在履行职责时的行为、态度、穿着、仪表等给顾客带来的利益和享受。职能质量完全取决于顾客的主观感受，难以进行客观的评价，但可对服务过程做出规定。例如，门店员工统一着装，顾客进店时要说“欢迎光临”等。

（3）形象质量。形象质量是指企业在社会公众心目中形成的总体印象。它包括企业的整体形象和企业所在地区的形象两个层次。企业形象通过视觉识别、理念识别和行为识别等系统多层次地体现。顾客可从企业的资源、组织结构、市场运作、企业行为方式等多个侧面认识企业形象。

（4）真实瞬间。真实瞬间是服务过程中服务人员与顾客进行服务接触的过程。这个过程是展示服务质量的时机，一旦时机过去，服务结束，也就无法改变顾客对服务质量的感知。因此应对可预设的服务场景设定服务规范。例如，点餐服务、收银服务的规范流程和规范用语等。

直通职场

永辉生活服务用语标准

3. 制定清洁卫生的标准

为了提供良好的购物消费环境，门店应提高店员的卫生意识，保持店面内外环境的整洁，为顾客提供一个干净明亮的购物消费空间。清洁卫生标准主要包括门店环境卫生和个人卫生两个方面。

（1）门店环境卫生。

门店环境卫生主要包括店面内外围、库存商品、店面商品等方面。

1）店面内外围卫生是指门店内部空间和门店外部相邻环境的清洁，包括地面卫生、廊道卫生、天花板卫生、玻璃卫生、台面卫生、桌面卫生、门口的卫生等。制定清洁标准时常见情形是在清洁标准上标注“干净”二字。但“干净”只是一个形容词，不够具体和明确。所以需要把标准具体化，可以表述为：无灰尘、无水渍、无油渍、无污垢等。这样的“干净”标准，员工就能更清楚地理解并执行了。

2）库存商品的卫生主要包括：

①每日清洁店面仓库、货柜，保证无灰尘或污迹。

②仓库货品摆放整齐，商品、礼品、用品分区陈列。

③仓库、货柜内商品临时移动后应保证无包装散落。

④收货或调配商品清点完后，应及时清理卖场的杂物。

⑤禁止随地乱放样品或存货，临时存放后要及时归位，并进行清扫。

3）店面商品的卫生主要包括：

①店内所有商品需要定期清洁，商品无灰尘、污迹。

②展示台保持干净、明亮，整洁，不得随意移动商品。

③关注店面的商品整洁情况，特别是易脏的商品。

（2）个人卫生。

在工作人员个人卫生方面，要保证上岗人员的服装整洁，面部、手部、身体均无异味、汗味，门店应制定相应的个人卫生、仪容仪表的规范要求和卫生制度，作为用于约束工作人员上岗的标准和要求。各企业都要制定相应具体标准作为员工卫生方面应该遵守的基本准则。

直通职场

专卖店门店营业员个人卫生标准

二、实施品质管理

（一）门店现场品质工作的基本内容

商品的品质是企业生存与发展的基石。门店现场品质工作主要包括商品自身质量管控和输出商品时的质量管控两个方面。商品自身质量管控，主要考虑原料、加工、存储等环节。随着社会的发展，人们生活水平不断提高，对商品质量的要求也越来越高，顾客购买商品时注重商品的质量和购物体验。为了保障把高品质商品输出到顾客手上，门店需要从商品进入门店时和商品存储备销两大环节入手进行商品品质把控。门店在收货时要把好验货关，在存储备销环节同样要做好商品的品质管理。

（二）门店品质工作要求

门店品质管理的主要要求是按照不同种类商品的理化性质，进行相应的温度、湿度控制，保证商品在保鲜期、保质期内提供给顾客。商品品控工作主要包括采购商品质量验收、存储保鲜、鲜食加工和陈列售卖四个环节。

1. 采购商品质量验收

商品质量验收是对门店购进商品按订货合同进行点收和质量检验。商品质量验收是品质控制的重要环节，是确保门店商品质量和信誉的关卡，必须认真把好品质验收这一关，使进入门店的商品数量准确、规格等级相符、进货凭证齐全，质量符合要求。无论是由企业总部送到门店还是由供应商直接送到门店的物品，验收工作都应由特定的员工来进行。一般来说验收岗位由专人负责，收验人须具有熟练的业务知识，了解商品的规格、性质、价格以及法律法规相关知识，熟悉门店的运营管理。验收合格后方可在进货单上签字、盖章。

商品质量验收的内容主要包括：

（1）订货商品的内容、质量、成分、生产日期和保质期是否与协议吻合。

（2）商品的完整性，是否有明显瑕疵，标签与包装是否完好。

（3）送货车辆的温度、湿度和卫生状况是否达标。

（4）凡发现质量不符合标准的情形，如过期的商品或残损变质的商品，均应予以拒收或进行登记处理。

（5）做好验收记录。验收记录一般包括：发货单位名称、凭证号、实收商品数、规格、质量、数量差额，验收日期、地点、验收人等相关信息。

直通职场

一般的商品验收表如表 2-3 所示。

表 2-3 商品验收表

收货商品：油菜	商品分类	等级	包装容量	产地	销售单位	质检要点
	22 000 叶菜	一级	每把约 300 克	北京	千克	（1）打捆。 （2）外观新鲜，叶面无腐烂、破损、干枯变黄、虫咬。 （3）头厚且嫩。

一般情况下，商品保质期如表 2-4 所示。

表 2-4 商品保质期

商品类型	收货有效期限
国产商品	保质期 1/2 以内
进口商品	保质期 3/5 以内

例 1： 某国产商品保质期为 12 个月，生产日期为 2021 年 1 月 1 日，则该商品在 2021 年 7 月 1 日前可收货。

例 2： 某进口商品保质期为 9 个月，生产日期为 2021 年 1 月 1 日，则该商品在 2021 年 6 月 13 日前可收货。

2. 存储保鲜

商品在门店内的存储保鲜是保障商品质量、降低商品损耗的关键环节。对于生食品和日配品来说，质量管理最重要的是存储鲜度管理。保鲜管理的基础是了解商品属性，并根据商品的属性选择合适的保鲜方法，做好商品周转期管理。

知识拓展

一般情况下，水果商品的周转期如表 2-5 所示。

表 2－5　水果商品周转期

周转期	编码	名称	周转期	编码	名称	编码	名称
1 天	689	山竹	2 天	7	套袋红富士	839389	加力果
	707	香蕉		683	海南金菠萝	839411	越南白心火龙果
	761	本地红提		693	白蛮瓜	839421	海南青木瓜
	779	枇杷		721	金枕帽莲	839429	四川安岳柠檬
	2071	盒装杨梅		792	红心火龙果	839441	椰青
	4739	妃子笑荔枝		809	花瓜	842860	皇冠水晶梨
	182221	巨峰葡萄		810	水蜜桃	844749	本地油桃
	286930	玫瑰香葡萄		4664	桃驳李	844758	佳沛金奇异果
	788739	黑莓		156884	金煌芒果	858936	黄油桃
	844857	菠萝蜜		285413	绿甜瓜	949278	进口橙
	932015	蓝莓		608821	西周蜜瓜	949301	胭脂李
	970453	枇杷		664449	樱桃	949306	青红脆李
	现切瓜			794867	8424 西瓜	976336	小西红柿
	水果拼盘			805020	精品红富士	976348	百香果
	榴莲肉			822962	龙眼	976353	小台农芒果
				829782	佳沛绿奇异果	977467	香梨
				839383	牛油果	991605	沃柑

按照商品理化性质的不同，储存保鲜主要分为蔬果保鲜和肉禽、海产保鲜。

（1）蔬果保鲜。

蔬果的保鲜方法主要有库房保鲜、复苏保鲜、翻筐散热、冰水养殖、台面冰品保鲜等。

下面重点介绍两种：

第一种，库房保鲜（保鲜库）。

适合商品：进口水果、柠檬、樱桃、车厘子、红提、红毛丹、奇异果、蓝莓、青提、葡萄、西柚、阳桃、莲雾、太阳果、释迦、芭乐、伽里果、草莓等。

注意事项：木瓜、山竹、未成熟的榴莲不能放进保鲜库，应常温保鲜。未成熟的木瓜入保鲜库便无法成熟，太熟的入保鲜库容易变烂。山竹应放阴凉处保鲜（尽量控制在周转期 2 天之内）。未成熟的榴莲入保鲜库就不会成熟，成熟有裂口的可放保鲜库（保鲜库温度为 4℃，湿度为 80%）。

第二种，复苏保鲜法，具体方法如下：

准备：将需要复苏的商品准备好。

操作：使商品完全浸泡。

结束：浸泡到商品恢复新鲜感即取出，复苏后的商品必须快速销售。

（2）肉禽、海产品保鲜。

肉禽和海产品的保鲜方法主要有常温保鲜、干冰保鲜、冰盐水保鲜、保鲜库保鲜、冷冻库保鲜、纯海水养殖保鲜等。

①猪肉保鲜的基本要求：

- 保鲜库温度要求：猪肉 0℃～4℃。
- 悬挂要求：所有的片猪须悬挂在猪肉架上，做到隔墙离地，不可堆积。在商品之间留有一定空隙利于通风（离墙、隔地 5cm），片猪需间隔在 2～3cm 地上或卡板上，铁钩子勾在尾龙骨上。
- 精品备货陈列整齐。
- 订货时要注意库存量，加工时需做到先进先出。
- 进出保鲜库须随手关门。

②水产保鲜的操作如下：

干冰保鲜——适用于冰鲜，如鳞鱼、黄瓜鱼、鳜鱼、鲈鱼、海鲫鱼、缇鱼、马鲛、黄尾鱼、多宝鱼、金线鱼等。

冷冻库保鲜——适用于冰鲜冻品，如冻马鲛、冻带鱼、冻鱿鱼、冻昌鱼、冻鳕鱼片等。

冰盐水保鲜——适用于冰鲜软体类，如鲜带鱼、目鱼等。

3. 鲜食加工

鲜食加工是指熟食、主食、烘焙、半成品和生鲜的加工。鲜食具有高频的消费需求，对门店销售的依赖度较高，门店有食材供应的天然优势，因此鲜食加工是门店（尤其是超市）相较于电商的竞争优势之一。但是因为鲜食保鲜期短，且消费者对其色泽、气味、形状等都比较挑剔，品质要求较高，所以鲜食加工是门店商品品控管理的难点。鲜食加工品控的基本要求如下：

（1）从采购、验收、存储、制作、销售、问题商品的处理等方面进行管理，制定鲜食加工卫生标准。

（2）制定鲜食加工卫生的标准化操作规程，并符合国家《超市食品安全操作规范（试行）》（商运字〔2006〕122 号）等国家和行业规范。例如，使用紫外线灯对凉拌菜的操作台消毒时，应在无人工作时提前开启 30 分钟以上，以此达到最佳消毒效果；顾客购买卤肉等熟食后需要改刀的，工作人员也必须进入单独的操作间完成，防止灰尘等污染；由生产者和超市预包装或分装的食品，严禁更改原有的生产日期和保质期限等。

（3）制定鲜食的清洗程序，达到彻底清洗干净的效果。部分企业采用鲜食清洗机、净菜机进行清洗后配送到各个门店。

（4）制定鲜食营运卫生标准的管控和检查制度。如自制凉菜要在 4 小时内销售完，直接入口的食物必须遮盖防尘，发现问题商品 48 小时内必须下架等。

（5）实施有效的员工学习、培训与考核机制。

直通职场

永辉生活包子加工

4. 陈列售卖

完善的商品品质管理，一定要根据商品的特点使用正确的陈列设备和陈列方法。使用合适的冷冻设备或冷藏设备，保证不同的商品能在规定的保鲜温度下进行陈列，保证设备正常运行。同时对陈列时间进行控制，在先进先出的陈列原则下，正确运用价格的调整来加快商品周转，使商品在保质期结束前能销售完毕，减少商品的损耗，保障商品质量。

（1）陈列设备要求。

陈列设备包括门店用于商品销售的陈列道具，货架、保温柜、冷藏柜和冷冻柜等。生鲜食品对陈列设备要求较高，其陈列设备要注意以下几点：

1）按照生鲜品的保鲜度要求选择陈列设备，并进行商品陈列。

2）陈列设备应保持清洁，无积水和污渍。

3）要保证贮存设备的温度控制在要求的范围内，冷藏库（柜）温度为 –2℃～ 5℃，冷冻库温度低于 –18℃。

（2）理货添货要求。

理货添货时应轻拿轻放，注意及时保鲜，并挑出残次品。

直通职场

水果理货添货操作

（3）陈列时间控制。

对于存在有效期限制的商品，顾客判断商品品质的一个重要依据就是商品的保质期，对此类商品，质量管理的重点是通过控制商品在陈列货架上的陈列时间，加快商品的周转率。陈列的所有电子秤计价包装或盒装食品标签必须有生产期和保质期，标签保持干净、整洁，无错别字。标识要清晰，明确，预包装食品标签应符合相应法律法规的要求。在售卖检查中，如发现商品损坏（如真空包装破坏）、变质、标签脱落或超过保质期等，应立即下架。

直通职场

商品保质期管理

三、实施服务管理

（一）门店现场服务工作基本内容

门店服务是指站在顾客角度，帮助顾客完成或挖掘顾客需求时所提供的一切便利行为。《质量管理体系：基础和术语》中没有对服务单独做出定义，而是将服务包括在四大类通用产品中，对服务的含义进行这样的说明：服务通常是无形的，并且是在供方和顾客接触面上至少需要完成一项活动的结果。现在服务是在各种组织和企业中最常用的一个词。无论在何种行业，企业都要认识到服务的重要性。

服务质量和服务水平是门店招揽顾客和提高美誉度的最好手段之一，然而几乎在每次顾客调查中都显示，门店最需要改进的地方就是服务。甚至在一些门店，服务已经成为制约企业良性发展的一大瓶颈。随着经济的发展，顾客对门店提供的商品和服务的要求越来越高，而各门店在商品、卖场环境等条件方面的差异越来越小。此时，任何一家门店想要在商战中脱颖而出，都必须增强自己在客户服务方面与竞争对手的差异、特色和优势，从而赢得更多的顾客。零售行业已经进入高度服务化时代，可以说，在经营的商品同质化倾向日益明显和市场竞争日益激烈的今天，服务已经成为门店生存和发展的生命线。

连锁零售企业从本质上说是给客户提供服务的企业，其服务应贯穿于顾客购买活动的全过程，包括售前、售中和售后服务。售前服务即在商品出售前所进行的各种服务工作，目的是向顾客传递商品信息，从而激发顾客的购买欲望，这一阶段的任务是商品信息的提供、商品的陈列摆放、购物气氛的营造等。售中服务是指服务人员在销售过程中为消费者提供的各种服务，如接待客户、商品介绍、挑选、收银服务、包装商品等。售后服务指商品出售后继续为顾客提供的外延服务，目的是使顾客对卖场感到放心满意，打消购买时产生的顾虑，树立卖场良好的服务形象。售后服务包括退换商品、送货、安装、维修等。

门店现场服务工作基本内容主要包括核心服务、附加服务两个方面，分为显性服务、隐性服务两类。

1. 核心服务与附加服务

良好的服务不仅能给顾客留下好的印象，也能给企业和门店带来良好的收益和稳定的顾客群体，同时优质的服务也是提高知名度的有效方法。提供规范化、标准化、高质量的服务是门店的基本任务。

核心服务是满足顾客的主要需求，是产品的核心价值。附加服务是满足顾客的次要需求，是产品的附加价值。核心服务在提供服务工作中有着举足轻重的地位，例如安全和便捷是满足顾客需求的核心内容之一。附加服务是一系列配套的产品、服务和体验，企业需将这些辅助性产品、服务和体验与核心服务结合起来，以便在顾客心里营造出高价值的感受。顾客主要通过附加服务来区分提供相似服务的门店。在门店，核心服务体现为干净、明亮的卖场环境，新鲜又丰富多样的商品选择。而附加服务则包括线上下单、线下商品直送到家，免费帮顾客处理活鲜，免费停车等服务。服务与需求的关系如图 2－2 所示。

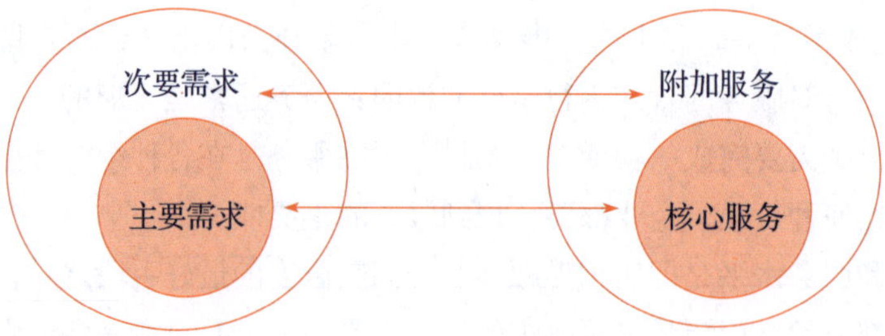

图 2－2　服务与需求的关系

2. 显性服务与隐性服务

（1）显性服务。

显性服务是指行业规范的服务及其过程或流程，诸如接待顾客、咨询服务、服务礼仪、经营场所的环境布局、规范的买卖程序等，是顾客现场可以感受到的正规经营行为，也是能被竞争者模仿与超越的示范行为。

（2）隐性服务。

隐性服务是相对于显性服务而言的。显性服务是消费者现场可以感受到的经营者行为，隐性服务则是消费者感受不到、甚至想象不到的后台活动。其与显性服务共同构成了企业核心竞争力，是差异化的体现，也是竞争者无法效仿和企及的服务。

实例分享

为什么这家商店的彩电价格高出1倍也能卖出去?

(二)门店员工服务要求

1. 门店员工的常规服务要求(见表2-6)

表2-6 门店员工的常规服务要求

序号	内容
1	工作期间仪表仪容:穿干净整洁的制服,操作时候佩戴口罩、一次性手套、工作帽,不佩戴首饰、手表等,女生是盘发、戴发套。
2	店内灯具、照明,设备准时开启,包装袋、一次性用品、工具等辅料充足,摆放整齐有序。
3	顾客进店或离店时,执行标准服务用语(欢迎光临、早上好、中午好、下午好等),微笑服务,主动将顾客引导到售卖区域。
4	售卖过程中进行建议销售(建议销售顺序:先主推招牌产品,再辅助销售顾客没有注意到的促销商品和配饰用品)。

2. 收银员的服务要求

收银员是每位顾客都会接触到的门店现场工作人员。收银员应遵守服务规范,给顾客结算时,应面带微笑,眼睛注视顾客。尊重顾客,当收银员觉得顾客提供的钞票有疑点时,可低声委婉地请顾客更换一张,不可高声喧哗。收银步骤如表2-7所示。

表2-7 收银步骤

步骤	内容
欢迎光临	微笑欢迎顾客,声音亲切、进行友善的目光接触,伸出右手礼让。
促销建议	(1)建议性销售:主动向顾客推荐某款商品(主要体现在营业低峰时间段、打烊前、促销或者库存较多的商品、新上市产品); (2)辅助促销:在顾客已决定好所选购商品时向其告知促销活动或关联商品,并建议购买,提升客单价。
唱收唱付	(1)熟练掌握收银机的各项功能以及故障处理办法; (2)通过:“您好,您点餐25元,收到您30元,找您5元”的唱收唱付,目的在于提醒自己和顾客,让顾客感觉放心的同时,自己也能避免出现找零错误。
双手呈递	在找零或配货时,双手呈递能给顾客一种专业而又友善的肢体语言表现,从小细节中提升顾客满意度。
感谢顾客	顾客离开时进行感谢道别:“欢迎下次光临”,能够提升顾客满意度并赢得潜在顾客和回头客。

（三）巡店检查样表

巡店检查表的内容如表 2－8 所示。

表 2－8　巡店检查表（QSC 检查内容）

检查门店：× × 翡翠店　　检查日期及时间：2021.5.15

店长：王明　　值班经理：　　合格率：100%

序号	检查项目	是	否	所见事实
1	顾客上门及离开是否使用礼貌用语	√		
2	“欢迎顾客”是否愉悦而且清楚	√		
3	是否主动促销产品	√		
4	是否做到微笑服务	√		
5	所有价目表上的产品都能供应	√		
6	顾客招呼时是否有人回应	√		
7	是否给错产品		√	
8	是否亲切回答顾客问题	√		
9	服务员是否聚集嬉笑、聊天		√	
10	是否在第一时间给顾客正确的找零	√		
11	服务员是否专心服务	√		
12	是否使用门店规定包装	√		
13	包装是否无渗漏或破损且分别使用产品指定用具	√		
14	是否正确执行公司指定的促销企划方案	√		
15	是否有因员工自身原因造成顾客投诉现象		√	
16	收银流程是否正确	√		
17	员工能安全地操作各项设备	√		
18	产品是否按公司规定价格售卖	√		

店长签字：王明　　区域督导员签字：张霞　　检查人签字：刘丽

四、实施卫生管理

（一）门店现场卫生工作的基本内容

清洁卫生是门店的一项日常工作，其目的是净化门店环境，给顾客提供一个卫生、健康、舒适、优美的消费环境。良好的清洁卫生条件不但可以保持门店容貌的整洁和环境的优雅，而且对于增强顾客的购物体验十分有益。因此，门店管理者必须重视卫生清洁管理工作。整洁的消费环境，需要规范化的清扫保洁服务来保障，门店日常卫生工作应遵循的原则如表 2－9 所示。

表 2-9 门店日常卫生工作应遵循的原则

原则	内容
整理	将必需品与非必需品区分开，必需品摆在指定位置实行目标管理，在岗位上不要放置除必需品以外的物品。
整顿	把留下来的必需品依规定位置摆放，并放置整齐加以标识。
清扫	保持工作场所干净、明亮，创造良好的工作环境。为每个员工分配个人应负责清洁的区域，不能留下无人负责的死角。
清洁	在整理、清扫之后做好日常维护记录。
素养	员工应养成良好的卫生习惯，并按工作标准做事。

（二）门店现场卫生工作要求

门店的各种食品、原材料、半成品和成品都很容易腐烂变质，并且每天还要产生大量垃圾。管理不善，门店将会成为细菌大量滋生的场所。门店现场卫生工作应从食品卫生、环境卫生、个人卫生等方面依据国家食品卫生的有关规定制定具体要求，并把各项要求纳入日常严格的卫生管理制度，尤其要落实到岗位责任制中去，把卫生工作作为对门店各个工作岗位考核的重要内容。

1. 食品卫生

（1）原料。

不收、不用、不做不新鲜或已腐烂变质的原料，原料的取用、发放，应本着先进先出先用的原则，以防止日久变质。

（2）存储。

食物应保持新鲜、清洁、卫生，并于清洗后分类用塑料袋包好或装在保鲜盒内分别储放冷藏或冷冻区。各种干、鲜原料应按其性质不同分别在贮藏室或冰箱内有序存放，不能随地乱放，以免弄脏污染。凡易腐败的食物，应储藏在0℃以下冷藏，存放在冰箱内的食物或半成品，做到生熟分开并防止食物间串味。熟食品应妥善保管，经常检查，以免变质。冷柜每日擦洗一次，由专人管理并定期化冰清洗，保持内外清洁干净，随开随关，防止热气侵入。每日检查冷柜内食品质量，食品必须定位摆放整齐，使用后归位放好。

（3）加工。

洗涤整理原料时，污物杂质和废料必须清除干净。调料器具应加盖，防止沾染灰尘。食物应在工作台上操作加工，并将生熟食物分开处理，切配用具、菜墩、抹布必须保持清洁、卫生。砧板清洁后竖放固定位置，每周消毒、清洗一次。各种调料罐须清洗干净，晚班收工后用保鲜膜封好。

（4）售卖。

直接入口食品不得用手直接拿取，应使用各种工具拿取。发现饭菜不新鲜时，应妥善处理，以防食物中毒。

2. 环境卫生

环境卫生清洁工作基本要求包括：

（1）“五定”，即“定人、定地点、定时间、定任务、定质量”，门店或管理人根据所管环境的特点和实际情况制定出相应的清扫保洁具体要求和工作程序。对卫生保洁范围的任何地方都设置专人负责清扫保洁工作，并明确其清扫保洁的具体内容、任务、时间、频度和质量要求，便于监督和检查。

（2）周围环境应打扫干净，废物袋需进行扎口处理。工作台、柜内侧和死角应特别注意清扫，防止残留食物腐蚀。定期清洗设备并保持干净整洁。杀虫剂应与洗涤剂分开放置，并指定专人管理。门窗应有防蝇设施，室内经常保持通风。

（3）门店和各操作间地面保持干净，四壁无尘，窗明地净。每位员工的工作岗位严禁出现卫生死角，严禁边工作边整理卫生，创造良好卫生环境。

（4）不乱倒垃圾、污水，保持门店清洁、卫生。

3. 个人卫生

个人卫生清洁工作基本要求包括：

（1）常洗澡、理发、刮胡须、剪指甲。

（2）上班前应整理仪容，做到仪容整洁。

（3）门店员工定期检查身体状况。

（三）卫生评价样表

卫生评价表的内容如表 2－10 所示。

表 2－10　卫生评价表（QSC 检查内容）

检查门店：×× 翡翠店　　检查日期及时间：2021.5.15

店长：王明　　值班经理：刘丽　　合格率：100%

序号	检查项目	是	否	所见事实
1	店面外围是否清洁，门前是否维护良好	√		
2	招牌是否完整（标识、名称、字号）	√		
3	招牌是否按时间开启	√		
4	门窗是否清洁	√		
5	展台上是否保持清洁干燥	√		
6	地面是否清洁	√		
7	清扫用具是否摆放整齐且归位摆放	√		
8	各项设备是否清洁完好且无灰尘堆积	√		
9	员工服装是否整洁且规范	√		
10	员工身上是否有异味（包括汗味、烟味及过浓的香水味）		√	
11	员工指甲是否整齐，双手是否整洁	√		
12	有无蚊虫、苍蝇及蟑螂		√	

续表

序号	检查项目	是	否	所见事实
13	器具是否清洁	√		
14	器具是否足够	√		
15	店内是否有异味		√	
16	店内照明是否正常	√		
17	音响是否正常，音量是否适当	√		
18	各陈列及收银位置是否清洁整齐	√		
19	各展台是否有专用抹布并定时消毒	√		
20	是否正确放置私人物品	√		
21	是否有员工在店内进食或吸烟		√	
22	执行清洁及设备维养计划	√		
23	是否正确使用消毒水配置 / 更换	√		
24	员工有良好的洗手消毒习惯	√		
25	清洁用具使用后是否清洁且无结垢	√		

店长签字：王明　　区域督导员签字：张霞　　检查人签字：刘丽

单元二 2 门店规章管理制度执行与管理

案例导入

某门店员工管理工作行为准则

一、员工管理

员工管理是对员工日常工作进行监督和管理，包括迟到、早退、仪容仪表、待客礼仪、卫生等的全面管理。

（1）帮助员工做好正确的职业规划、职业定位，帮助员工快速成长，为其创造晋升条件。

（2）做好员工的激励工作，根据店面管理及考核制度，对员工工作进行准确评估，以鼓励先进，形成比、学、赶、帮、超的良性循环工作氛围。

（3）经常与员工沟通，协调人际关系，努力创造积极、愉快的工作氛围。

二、店务管理

店务管理是对店内设备、货品、账目、安全措施等进行全面管理。

（1）设备管理——对店内各种电器、收银机等设备的运作和安全情况进行检查，有问题及时解决。

（2）账目管理——做到账目清晰，钱账相符。

（3）货品管理——认真做好产品的销售统计工作，保障合理库存。

（4）安全管理——对门窗、电器开关进行检查后关店，消除安全隐患。

（5）每日工作做到日清日结，日结日高。

三、培训管理

培训管理是对新进员工和老员工做好日常的培训工作，帮助新老员工提高专业技能。

（1）根据店面新老员工的实际情况制订有针对性的培训计划。

（2）培训计划应充分考虑：公司企业文化、专业知识、产品知识、服务礼仪、销售技巧、顾客反对意见及疑义等。

（3）根据店内销售存在的问题进行针对性培训，实际解决店内问题，从而提高店面业绩。

四、销售管理

销售管理是根据店面的实际情况做好店内的业绩管理工作。

（1）根据店面实际情况，制订合理的月、周、日销售计划和销售目标。

（2）根据销售计划，制定与当地消费情况相适应的促销方案，并报总公司及代理商批准。

（3）根据方案，实施销售计划和促销方案，结束后对以上两种方案进行最终总结，根据员工表现情况进行奖励。

（4）对员工销售能力进行管理，及时对员工在工作中出现的销售问题进行解决及培训。

资料来源：门店上班规章制度 .（2019-02-07）[2021-05-10] . https://wenku.baidu.com/view/cbd0e0c532687e21af45b307e87101f69f31fb70.html.

思考：

1. 案例中门店管理准则涉及哪几个方面？
2. 你认为在门店管理中应怎样做才能让制度得到较好的执行？

门店营运与管理是一个作业化管理过程。由于连锁经营各环节是专业化协作的分工，体现在各岗位上的作业过程是简单化和单纯化的，犹如工业生产过程的上下道工序一样，单纯化的作业性配合较易产生分工所带来的高效率。

围绕连锁经营这根规模发展轴运转，管理标准对其产生影响的驱动具有核心的作用。而管理标准和管理活动本身就是维系连锁经营统一运作的根本，因此确立明确的管理目标与制定严格的科学管理标准是驱动连锁企业规模发展的核心。

一、门店运营与管理标准的制定

门店的运营必须在整体规划下进行明确的专业化分工，在分工的基础上实施集中管理，以便使门店在激烈的竞争中能快速反应，领先于对手。

（一）制定门店管理标准的主要内容和注意事项

门店运营与管理标准的具体内容，主要是制订门店工作人员上班的出勤计划，即根据平日、周日、节日，一天各时间段工作忙闲规模预测工作量，根据工作量大小安排具体人员的调配，从而有效地发挥每一个员工的能量，提高劳动生产率，充分体现严格科学的管理标准所带来的少投入、多产出的经济效益。

1. 确定作业的对象分工

能否确定作业的对象分工，通常是比较关键的工作。具体作业分工，包括把何种工作、多少工作量、在什么时间内安排给何人承担。因为门店作业繁多，通常连锁企业门店作业管理的重点是店长作业管理、收银员作业管理、理货员作业管理、进收货作业管理、商品盘点作业管理和顾客投诉意见处理等，这些作业过程和质量管理的好坏，将会直接影响每一家门店的经营状况。作业管理要比岗位管理更进一步，它既体现了岗位工作的技术性要求，也能更具体、更细化地考核岗位工作的质量好坏。因此，只有通过合理的分工，才能把这些工作具体落实下来，保证正常的运营水平。

2. 确立标准化作业的程序

连锁企业往往是劳动力密集行业，门店作业人员流动率较高，如何区分作业内容管理，使门店作业不重复，并且能让新进员工在最短时间内厘清每一个工作环节十分重要。因此，必须全面分析不同的作业，如收银员、理货员、店长、盘点人员等工作情况，消除多余的、不必要的动作、环节、行动，合并有关环节，合理安排具体的作业顺序，使有关作业情况尽量简化，以提高效率、降低成本。

标准化作业程序在明确分工、出勤计划的基础上，通过具体操作表来明确这项工作的具体操作规则。例如，理货员进行货架商品的补货，就包含了定时补货与不定时补货的具体时间、操作程序，以及相应时间内应达到的工作量等。通过这些具体作业的落实，来保证门店的正常营运和管理。

3. 记录作业情况

用适当的时间，全面准确地记录不同岗位的工作运行情况，一定要根据每日的运营状况记录。门店要维持正常的运营，对于各项外在与内在的因素均必须予以有效地掌握。因此，标准化作业程序试运行的数据或报表均为十分有价值的参考资料，如营业实绩的统计、不同作业分工的实施情况与效果等。建立这些资料体系，便于总部进一步比较分析，进而灵活地加以运用，最终使运营和管理的标准健全化。

4. 制定作业标准的注意事项

标准化是门店成功经营的基础。通过数据采集与定性分析、现场作业研究，制定出既简便可行，又节省时间、成本的标准化的作业规范。

科学化管理标准的制定是一项长期的艰苦工作。要使连锁企业的规模发展既快速，又健康，管理标准就一定要科学。所谓标准的科学性具有两层含义：一是指具有一定的先进性；二是指客观的实际性。

目前，我国连锁企业在管理标准的制定过程中存在着两种偏向：

第一种是盲目地追求先进性，无消化地吸收他人的先进经验。在我国，一旦有哪个连锁企业有了管理新经验，就会有全国各地的人一窝蜂地涌去考察取经，试图通过这种简单的方式来获得他人的“真经”，殊不知人家的“经”好，不经过自己的消化是无法为己所用的。

第二种是脱离连锁企业自身的运作条件来制定标准，使得制定出来的标准无法适应连锁经营的发展。国际上连锁经营已经进行了几十年，其中有很多经验可以为我们借鉴。但要清醒地认识到，对一个连锁企业来说，连锁企业的管理标准除了必须考虑到标准所具有的先进性和客观性的特征外，还须经过较长期的艰苦探索（包括借鉴）和实践来制定，试图在短期内用抄袭的方法去拷贝是不现实的。从另一个意义说，一个连锁企业的管理标准是区别其他连锁企业和体现自己经营管理思想和特色的主要方面，这也决定了连锁企业必须要依靠自己的艰苦努力去创造。因此借鉴、消化、创造是连锁企业制定管理标准的正确之路。

（二）制定控制门店的制度与标准

制定对门店营运质量考核的制度与标准，主要有以下几个方面：

1. 商品布局与陈列的控制

门店的商品布局与陈列是根据总部的商品布局图与配置表来实施的，其中反映了连锁企业的商品经营策略思想与营业目标。如果总部确定的商品布局与陈列被门店做了很大的变动，就无法实现连锁企业统一的营业目标。要把控制门店商品布局与陈列同实现总部营业目标联系起来，一般可以从以下两个方面加强控制：

（1）商品位置控制。在门店检验时，根据各类商品的布局位置图，核对位置是否变化。一般来说，要特别注意特别展示区、端架上的商品是否已做了位移（大多数位移是供应商“公关”的结果）。

（2）商品陈列控制。根据商品配置表能很容易地发现商品陈列的改动，其重点是：

1）商品陈列的排面数是否发生了变化。排面数实际上确定了商品的最高陈列量和出样面，低于规定的排面数会影响到该商品的销售，因为缺乏表现力；而高于规定的排面数更应查一下，是否又是供应商“公关”的结果。

2）商品货架陈列位置是否发生了变化。位置发生变化可能会有两种情况：第一，在同一层板中向左或向右做了移动；第二，在不同层板中向下或向上做了变动。

2. 商品缺货率控制

一般来说，对于还没有采用自动配货的连锁企业来说，总部会强调主力商品的订货数量，这是为了防止门店发生主力商品缺货现象。商品缺货率的控制主要是对主力商品缺货率的控制，缺货率控制在什么比例上，各连锁企业可自定，一般确定为 2% 是恰当的。缺货率控制的一个重要手段，是发生缺货断档时一律不允许用其他商品来填补，宁可让其开“天窗”，以便分析原因和追查责任。

3. 单据控制

门店每天都可能有大量的商品送到，不管是配送中心还是供应商，送来的货都必须有送货单据。要严格控制单据的验收程序、标准、责任人、保管、走单期限等。单据的控制是为了控制违规性签单、违规性保管、违规性走单，保证货单一致的准确性，保证核算的准确性和供应商利益，同时也规避门店的舞弊现象。

4. 盘点控制

盘点是最后检查连锁企业门店经营成果的控制手段。对盘点控制的手段如下：

（1）检查盘点前的准备是否充分，要防止在盘点开始前几天，普遍发生的门店向配送中心要货量较大幅度下降的状况，这种要货量下降一般会影响门店销售量的

10% ～ 30%。

（2）检查盘点作业程序是否符合标准，是否实行了交叉盘点和复盘制度。

（3）实行总部对门店的临时性不加通知的抽查制度，有条件的连锁企业可以成立专业的盘点队伍，专职进行门店盘点和抽查工作。

5. 缺损率控制

缺损率是失窃率和损耗率的统称，缺损率失去控制就会直接降低门店的盈利率水平。目前，国内大部分连锁企业实行缺损率承包责任制的方法，落实到人，这种方法虽然很有效，但要注意其负面影响，今后的方向是在加强责任制的同时，注重设备的保养和先进技术的应用。缺损率一般控制在 5% 是恰当的。

6. 服务质量的控制

门店的服务质量直接关系到连锁企业的信誉和市场影响力，其控制的手段有两个方面：第一，增强服务意识，进行教育与培训，必须认识到教育是控制服务质量的重要手段；第二，实行明查和暗查相结合的控制方法。

7. 经营业绩控制

对门店经营业绩的控制主要是按照年目标销售额，采取月销售额含工资与奖金的方法来控制。例如，目前国内的连锁企业大多采取固定工资加奖金的办法来考核和控制门店经营业绩，这是欠妥当的，应按月销售额含工资与奖金的方法。采用这种控制方法要注意两点：

（1）月销售额目标要根据不同门店的实际情况加以确定，体现目标的科学性。

（2）要明确月销售额目标的确切含义：是销售额还是去掉门店费用的准利润，或者是去掉门店费用和总部摊销费用的净利润。

实际上，每一个目标都可以作为考核的基础，连锁企业可以把这些指标综合起来考核，或者根据自己的实际情况和业态模式的特征加以确定。

直通职场

门店各岗位工作职责

二、管理规章制度的培训和执行

没有严格的管理，再好的管理标准也只是一纸空文。严格、科学地实施管理标准，是连锁经营标准化管理的实质。可以说管理标准是连锁企业内部的“法律”，执“法”要严，连锁企业运转才会有序和高效。管理的标准化与标准化管理是管理活动得以开展的两个方面，具体包括以下三个方面。

（一）编写营业手册

通过作业研究和比较，发掘最有效的作业方法，以此作为标准，编写具体的营业手册。营业手册的编写实际上是将门店经营的经验、技巧上升为明确的理论和原则。例如，表 2-11 是某超市企业总部设计的门店收银员和服务台工作人员的每日作业流程表，可供参考。

表 2-11 门店收银员和服务台工作人员的每日作业流程表

（一）营业前	
收银台	服务台
1. 清洁、整理收银作业区。包括： • 收银台、包装台 • 收银机 • 收银柜台四周的地板、垃圾桶 • 收银台前头柜 • 购物车篮放置处 2. 整理、补充必备的物品。包括： • 购物袋（所有尺寸）、包装纸 • 圆磁铁、点钞油匙 • 必要的各式记录本及表单 • 胶带、胶台 • 干净抹布 • 笔、便条纸、剪刀 • 订书机、订书针 • 统一发票、空白收银条 • 铃钟或警铃 • 装钱布袋 • [暂停结账] 牌 3. 补充收银台前头柜的商品。 4. 集备放在收银机的定额零用金。包括： • 各种币值的纸钞 • 各种币值的硬币 5. 检验收银机。包括： • 发票存根联及收银联的装置是否正确，号码是否相同 • 日期是否正确 • 机内的程式设定和各种统计数值是否正确或归零 6. 收银员服装仪容的检查。包括： • 制服是否整洁且合乎规定 • 是否佩戴工号卡 • 发型、仪容是否清爽、整洁 7. 熟记并确认当日特价品、变更售价商品、促销活动，以及重要商品所在位置。 8. 早会礼仪训练。	1. 清洁、整理服务台。包括： • 服务台 • 收银台 • 服务台四周的区域 • 服务台的商品柜 2. 整理、补充必备的物品。包括： • 购物袋（所有尺寸）、 • 圆磁铁、点钞油 • 必要的各式记录本及表单 • 胶带、胶台 • 干净抹布 • 笔、便条纸、剪刀 • 统一发票、空白收银条 • 订书机、订书针 • 铃钟或警铃 • 装钱布袋 • [暂停结账] 牌 3. 补充服务台贩卖的商品。 4. 集备放在收银机内的定额零用金（退货退款用）。包括： • 各种币值的纸钞 • 各种币值的硬币 5. 检验收银机。包括： • 发票存根联及收银联的装置是否正确，号码是否相同 • 日期是否正确 • 机内的程式设定和各种统计数值是否正确或归零 6. 服务台工作人员服务仪容的检查。包括： • 制服是否整洁，且合乎规定 • 是否佩戴工号卡 • 发型、仪容是否清爽、整洁 7. 熟记并确认当日特价品、变更售价商品、促销活动，以及重要商品所在位置。 8. 早会礼仪训练。 9. 打开上锁的烟酒柜。 10. 集备服务台贩卖的各种速食品或饮料，如可乐、爆玉米花。 11. 补充当期的特价单、宣传单于服务台。 12. 集备当日的广播内容稿。

续表

（二）营业中	
收银台	服务台
1. 招呼顾客。 2. 为顾客做结账服务。 3. 为顾客做商品入袋服务。 4. 特殊收银作业处理。包括： • 赠品兑换或赠送 • 现金抵用券或折价券的折现 • 点券或印花的赠送 • 折扣的处理 5. 无顾客结账时： • 整理及补充收银台各项必备物品 • 整理购物车、篮 • 整理及补充收银台前头柜的商品 • 兑换零钱 • 整理顾客的退货 • 擦拭收银柜台，整理环境 6. 收银台的抽查作业。 7. 顾客作废发票的处理。 8. 中间收银款作业。 9. 保持收银台及周围环境的清洁。 10. 协助、指导新人及兼职人员。 11. 顾客询问及抱怨处理。 12. 收银员交班结算作业。 13. 单日营业总额结账作业。	1. 招呼顾客。 2. 贩卖服务台陈列的商品。 3. 为顾客做结账服务。 4. 为顾客做商品入袋服务。 5. 特殊收银作业处理。包括： • 赠品兑换或赠送 • 现金抵用券或折价券的折现 • 点券或印花的赠送 • 折扣的处理 6. 无顾客结账时： • 整理及补充收银台各项必备物品 • 整理购物车、篮 • 整理及补充收银台前头柜的商品 • 兑换零钱 • 整理顾客的退货 • 擦拭收银柜台，整理环境 7. 服务台的抽查作业。 8. 顾客作废发票的处理。 9. 保持收银台及周围环境的清洁。 10. 中间收银款作业。 11. 协助、指导新人及兼职人员。 12. 顾客询问及抱怨处理。 13. 收银员交班结算作业。 14. 单日营业总额结账作业。 15. 换货、退货处理。 16. 换发厂商识别证。 17. 店内广播。 18. 接听电话。 19. 引导顾客寄物。 20. 留意店内出入人员，注意收银台状况，以及各收银台的购物车篮是否累积等。 21. 顾客遗忘寄物或未带走物品处理。 22. 发放店内的宣传单、特价单。 23. 商品包装服务。 24. 资源回收作业，如宝特瓶、玻璃瓶、电池等。
（三）结束营业后	
收银台	服务台
1. 整理作废发票和各种点券。 2. 结算营业总额。 3. 整理收银台及周围的环境。 4. 关闭收银机电源并盖上防尘套。 5. 擦拭购物车、篮并放于定位。 6. 协助现场人员处理善后工作。	1. 整理作废发票和各种点券。 2. 结算营业总额。 3. 整理服务台及周围的环境。 4. 关闭收银机电源并盖上防尘套。 5. 擦拭购物车、篮并放于定位。 6. 协助现场人员处理善后工作。 7. 清洁烹调速食的各种器具。 8. 锁上烟酒柜。 9. 关闭服务台各项电器用品，如音响、麦克风等的电源。

任何一个连锁企业总部所制定的营业手册都应全面地包括每一岗位、每一个作业人员，应尽可能发现每一处细节并加以规定，尽可能完整地包含所有细节，这正是营业手册的价值所在。

（二）建立完整的培训系统

对连锁企业来讲，标准化要求高质量地培训。离开了培训，营业手册所规定的作业标准就难以为员工所理解、接受和执行。因此，建立完整的培训系统，有利于连锁企业门店各级员工的有效选拔、任用、教育，是连锁企业稳步发展、持续进步的关键所在。目前，国内的教育系统还未能直接培养出连锁企业的专业人才，也无法从社会上直接获得。这就更需要在连锁体系内锻炼和培训人才。

规模较大的连锁企业在新员工进入或任务交替时，都会按照营业手册的规定，先给予职前培训或在职培训，其目的是使员工了解其工作角色和工作内容，由此可见，建立完整的培训系统相当重要。通常完整的培训系统按纵向可以分为三层：

1. 职前培训

职前培训是指新员工进店后的基础培训。其偏重于观念教育与专业知识的理解，让新员工明确连锁企业门店的规章制度、职业道德规范，以及相应工作岗位的专业知识。其基本内容如下：

（1）服务规范，让每个员工树立依法经营、维护消费者合法利益的思想，同时，把服务仪表、服务态度、服务纪律、服务秩序等作为培训的基本内容，让员工树立“顾客是上帝”、员工代表连锁企业的思想。

（2）专业知识培训。在帮助员工树立正确的工作观念的基础上，理解各自工作岗位的有关专业知识，一般可分为售前、售中、售后三个阶段。

1）售前，即开店准备，具体包括店内的清扫、商品配置及补充准备品的确认等所必须掌握的专业知识。

2）售中，即营业中与销售有关的事项，具体包括待客销售技巧、维护商品陈列状态、收银等事项。

3）售后，即门店营业结束后的工作事宜，具体包括建立良好的顾客利益保障制度、商品盘点等工作。

2. 在职培训

在职培训是偏重于在职前培训基础上的操作实务性培训。其培训内容主要按各类人员的职位、工作时段、工作内容、发展规划进行安排，主要涉及人员为店长（值班长）、理货员、收银员等门店工作人员，按其职级展开和实施。

（1）店长的培训主要包括：店长的工作职责、作业流程、对员工的现场指导、员工问题的诊断与处理、商品管理、如何开好会议、顾客投诉处理、管理报表分析、信息资料管理等。

（2）理货员的培训主要包括：理货员的工作职责、作业流程、领货、标价机和收银机或 POS 机的使用、商品陈列技巧、补货要领、清洁管理等。

（3）收银员的培训主要包括：收银员的工作职责、收银操作、顾客应对技巧、简易包装技巧等。

3. 一岗多能的培训

除了让员工明了各自岗位所需的知识和技能外，许多情况下也需要员工能发挥其“多能”。事实上，连锁企业门店内，尤其是连锁超级市场、便利店中，某些工作是需要全体员工都能操作的，如商品的盘点作业、商品的损耗处理、收银操作等。门店店长如能在这方面抓好对员工的培训和管理，就会大大减少用工人数，减少相应费用支出，从而提高门店的盈利水平。

实例分享

便利店人员安排的管理

（1）门店人员的安排一般在 6～9 人。对于门店处于社区的，白天的人流量小于晚上，门店可以通过雇用临时工或钟点工降低用工成本。

（2）对店长应当采取竞争上岗、岗位考核、岗位定级的方法。对经营不善的门店不是武断选择关闭门店，而是选择更合适的人选来管理。

（3）便利店对人员业务水平的要求高于超市，其一人的工作失误会给门店在商圈里带来重大的不良反应。所以对于便利店门店员工的岗位培训应当采取定期与不定期的方式同时展开，以保证门店员工的服务到位。

资料来源：便利店人员安排的管理 .（2019-10-20）［2021-05-10］. https://wenku.baidu.com/view/18d909b47275a417866fb84ae45c3b3566ecddd8.html.

（三）改善运营标准

标准化的贯彻执行，依靠的是科学的严格管理，否则制定再多的标准也形同虚设，而分工越细就越需要协调，否则各个职能部门的运行会相互牵制，各个作业岗位的衔接也难以顺利，作业化管理所带来的优势就难以转化为门店的现实竞争优势。因此在实际运营过程中，必须不断探索改善门店运营的标准，使门店作业化管理不断合理化，越来越协调。

连锁企业门店的运作与制造业十分相似，从产品设计、原材料采购、零部件加工到成品组装和销售，前后工序紧密相关，需严格地按专业化分工原理来完成业务全过程。每一个部门、每一个环节、每一项作业活动以及每一个人都必须按规定的标准来完成作业活动。于是，在连锁企业内部就形成了两个层次的作业活动，即设计活动与执行作业。设计活动旨在为执行作业制定作业标准，而执行作业则是按标准完成操作任务。于是人们普遍得出如下结论：设计活动属创造性工作；执行作业没有创造，也无须创造。这种观念对连锁企业的危害是很大的，在这种观念的影响下，中层、基层的管理人员以及广大的一般员工长期处于消极被动状态，甚至成为不求上进的“应声虫”。其实，执行作业同样是具有创造性的活动。这正如演员在导演的指导下可以在表演过程中对剧本进行再创作一样。为什么在不同店长管理下的同一门店，在同等条件下会有截然不同的业绩呢？关键在于一个好的店长不仅在执行总部规定的标准，而且是创造性地在执行总部的标准，这种创造并不是对总部标准的否定或变通，而是依靠其号召力和管理能力来激发门店的全体员工按合理化的作业程序来完成每一项工作。

由此可见，标准的统一性并不排除门店的能动性，只要能使连锁企业门店的盈利水平提高，各门店都可提出建设性意见，使新的更好的方法成为标准。通过门店的不断探索，经过总部的进一步研究、开发，以坚持不懈的努力来改善门店的运营标准。只有如此，标准化才不会使连锁企业僵化，故步自封。标准化效果的取得，靠的就是在严格管理的监督下，长期地坚持与改善标准，从而确立连锁企业整体的竞争优势。

三、规章制度的执行和考核

门店规章制度制定出来后，需要各岗位人员按照标准执行。为了保证标准的执行程度，定期进行考核成为必要。

考核内容及标准的制定一般参照门店规章制度和岗位标准的内容，按照员工执行程度制定不同等级的奖惩措施，从而保障门店规章制度的执行。

一般来说，门店的考核流程如下。

（一）对照岗位标准，制定考核细则

以大型超市为例，考核检查表的内容（应该，但不局限于）包括：

1. 食品安全考核

（1）检查商品保质期（商品空箱 / 空瓶 / 空盒 / 入库开封签 / 热敏纸签 / 合格证 / 价签和 POP）。

（2）孤儿商品 / 关联陈列过期按属地扣分。

（3）所有商品开封后保质期减半（开封后保质期不能超过原有保质期，超过按照过期商品算）。需解冻商品要放置在解冻区或者贴解冻签（原包装解冻后保质期有变化的按照原包装解冻后日期算）。

（4）散装食品合格证过期的标准做如下变更：已进行合格证集中公示的门店，发现散装合格证过期按单品支数计；未进行合格证集中公示的门店，按照斤核算（注：因职能部门的因素导致合格证不能集中公示的门店需立即报备当地食品安全管理部，协调期间按照一品一签公示，出现合格证过期的情况按照单品个数计）。

（5）食堂员工自用品过期界定办法：员工自用品统一专区存放且做有“员工自用标识”（柜子、框子、箱子等均可），卖场无销售商品不考核；不能正常过机的商品贴“员工自用贴”不考核；卖场有销售，无自用标识，未开封，小店门店按照后场过期加扣；卖场有销售，无自用标识，已开封，扣小项，不加扣；赠品不能放置在员工自用品专

区，统一存放在库房独立区并做标识“赠品区”(注：员工私人物品需贴员工自用贴或者有小票并且打包)。

(6)耗材使用过期界定办法：所有耗材需贴“部门领用”签，不能正常过机的商品不考核；卖场有销售的商品贴“部门领用”，不考核；卖场有销售，无领用标识，未开封，小店门店按照过期加扣；卖场有销售，无自用标识，已开封，扣小项，不加扣。

(7)加工现制现售商品储存时间不超过1天(此处主要针对现制现售直接售卖成品)。

(8)加工卖场生产日期公示牌过期按此组陈列柜内单品个数进行过期扣分(商品本身有生产日期信息的除外)。

(9)顾客寄存柜的商品如设专区存放，过期不考核。

2. 消防安全考核

(1)确保门店全员都必须有岗前培训评估表，未做或者不齐的，检查加扣5分。

(2)岗前培训抽查标准：是否会使用灭火器；是否能指出最近的灭火器及安全出口；加工操作间人员懂得油锅起火扑灭办法；抽查3个人员，2个及以上未能答出，检查扣分。

3. 购物环境操作考核

(1)顾客购物车使用考核办法：购物车满足顾客使用量，员工临时补货使用购物车，检查不扣分；使用时挂员工自用牌子/或小店申请购物车贴上××专用，检查不扣分。

(2)登高的考核办法：从风险角度出发，卖场冷柜环岛管踩踏不作登高考核；登带有轮子的叉车/秤台等因滑走容易导致摔伤，作登高考核；双向可上，中间无连接的人字梯，因容易滑开导致摔伤，作登高考核；中间有瓷砖的鱼池，站在瓷砖上作业，不作登高考核；中间有瓷砖的鱼池，站在玻璃缸上作业，作登高考核；无瓷砖的三层鱼池清洗，踩进稳定性好的鱼缸内作业，不作登高考核；传货，理货时踩踏商品，因堆放商品稳定性不强，易滑落导致摔伤，作登高考核。

4. 关键岗位人员服务考核

(1)重点监控岗位考核现金办监控(防损监控室现金办屏是否正常，检查人员测评现金办警报防损人员在3分钟内是否到达)。

(2)门店收货口对出入人员必须询问查包。

(二)制定奖励细则

门店对员工奖惩等级的划分一般根据岗位任务对门店目标的达成贡献程度来确定，同时，还要考虑到人员激励的作用。细则的制定既要涉及奖励内容，也要涉及奖励额度，这样才能达到激励的作用。

对员工的奖励因具体门店具体事务而定，可能涉及的奖励内容包括：

1. 顾客服务

主要奖励员工在顾客服务中能体现良好的风采风貌，能在顾客心目中树立良好的企业形象。

如顾客服务中获得顾客的公开表扬，或者在处理顾客纠纷中能挽回企业声誉等。

2. 资产保护

能维护企业权益和荣誉，保护公共财产，减少或避免损失。如紧急抢险、救灾、抢修；突发事件处理；抓获内、外偷盗（防损人员除外）；检举或设法防止违规舞弊或其他危害企业权益的行为。

3. 诚信廉洁

拒受商业贿赂或主动上交回扣；能对企业有关腐败行为的信息提供线索，或者提供有关腐败行为的直接、有效证据等。

4. 特殊贡献

对外代表企业参加社会活动，成绩优胜；受国家正规媒体或组织表扬，为企业赢得殊荣。为企业献计献策，对经营管理、工作流程优化、管理制度、采购、陈列、物料控制等方面提出合理化建议，经企业采纳并应用后，为企业带来经济效益等情况予以奖励。

直通职场

某企业奖励制度细则（部分）1

（三）制定惩罚细则

为了保障门店规章制度的执行，针对违规情况制定惩罚细则是非常有必要的。惩罚细则的制定和奖励细则一样，内容要清晰，尺度也要分明。

（1）违反仪容仪表及日常行为规范。主要是指日常工作应遵守的行为规范没有得到执行而产生的惩罚。

（2）违反顾客服务管理行为。主要是指在顾客服务中行为不当，造成不好的影响。

（3）违反考勤管理行为。主要指迟到、早退或者旷工等行为。

（4）违反工作流程的行为。主要指各岗位工作人员未能按照岗位标准和流程开展工作，带来恶劣影响。

（5）侵占损坏公司财产或扰乱公司管理的行为。主要指以各种行为和手段损害企业利益，给企业带来损失的行为。

（6）违反食品安全行为。

（7）其他违规行为。

直通职场

某企业惩罚制度细则（部分）2

（四）制定奖惩认定流程

不管是奖励还是惩罚，都应该规定相应的流程，当奖励和惩罚发生时能按照流程进行推进。

需要注意的是，不管是制度的制定还是标准的执行，都应该围绕门店经营的目标开展，同时应考虑到门店经营中的具体任务和内容。在门店规章制度的执行与考核中，要注意奖励与惩罚的结合，特别是在细则的制定上要具体化、数量化，以达到门店规范管理的目的，最终实现门店经营的目标。

单元三 3 培训的执行与管理

案例导入

A 餐饮集团始建于 2012 年 8 月，是王先生在烟台建立的一家以经营日式料理为主的中型高档餐饮企业。截至 2020 年年底，该集团已在烟台、青岛、济南建立了四十家直营门店，有员工近 3 000 人。

最近几年随着餐饮业的迅速发展，A 餐饮集团人员的流动也随之加大，2016 年的员工流失率高达 40% 以上。王先生发现，导致员工流失如此严重的首要原因是集团的员工培训状况比较糟糕，集团在创立初期主要致力于管理制度、操作流程等方面的建设和梳理，在组织架构设计之初未设立单独的人力资源部，而是将其职能划归到行政人事部。通过内部调查数据显示，A 餐饮集团员工离职中，因个人寻求发展和进修学习而离职的员工占 67.9%，而根据行政人事部提供的信息，在这部分离职员工中，大部分人认为企业未能及时提供相应的培训机会、没有完善的晋升激励机制、没有明确的职业发展目标，最终导致其离职。

王先生意识到问题的严重性，于 2017 年年底引入了专业的 D 咨询公司进行诊断和改进。D 咨询公司进驻后，立即对 A 餐饮集团现状进行了诊断，首先对该集团目前的培训状况进行分类，其次进行员工培训现状调查。根据诊断结果，D 咨询公司帮助 A 餐饮集团建立规范而统一的培训体系。第一步，确定集团培训体系构建目标。第二步，构建完善的培训实施流程，具体是指进行培训需求分析，确定培训目标，制订培训计划，实施培训。第三步，进行培训监督和考核评价。

培训体系经过两年多的运作，A 餐饮集团的员工整体满意度得到显著提高，2019 年员工离职率降为 10%。

思考：

1. 从这则故事中，我们可以得到什么启示？
2. 连锁企业门店应该如何正确执行培训？

连锁企业的培训是使员工的知识、技能、工作态度达到标准要求的过程。即，通过改变受训员工的知识、技能、工作态度，提高其思想水平和行为能力，以使其有相应的能力去完成担当的工作，甚至准备迎接将来工作上的新挑战的过程。

从这个定义中可以看出：培训的本质是学习；培训是一个有计划的、连续的系统过程；培训的终极目标是实现员工个人发展和组织发展的双赢。

员工培训体系是指为实现企业与员工共同发展的目标，将培训三要素（制度、讲师、课程）进行科学、系统、合理安排的一个指导性理论系统，它包括课程体系、讲师体系、效果评估和管理制度。其中，管理制度是基础，课程体系是主体，讲师体系是支撑，效果评估是保障。一套完整的培训体系可以保障培训工作取得卓越长久的成效，使企业健康地发展和员工稳定地成长。企业培训体系设计的基本思路如图 2－3 所示。

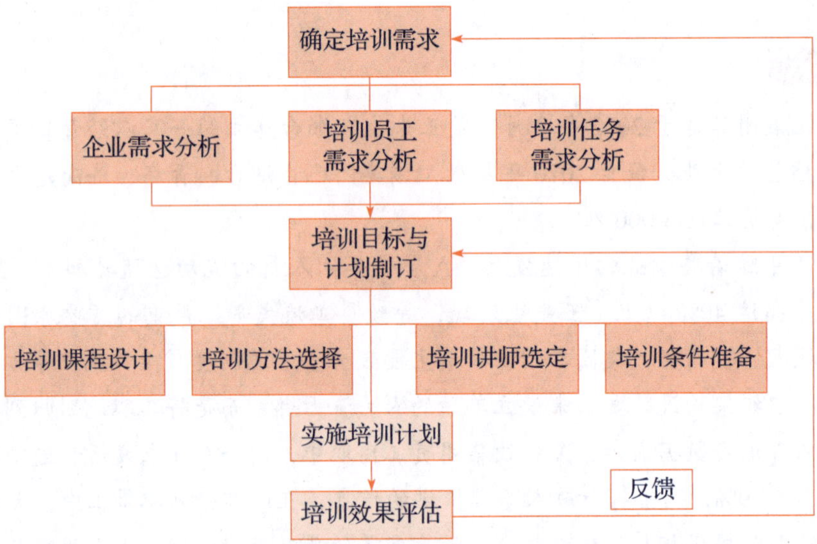

图 2－3　企业培训体系设计的基本思路

以上关于培训的描述是从整个连锁企业的角度出发的，但是学生刚刚走入工作岗位时，大多都是先去连锁企业的门店工作，所以本单元的内容会偏重于介绍门店的某次具体培训是如何开展的。根据连锁企业组织架构进行分类，一般连锁企业的培训分层模型如表 2－12 所示。

表 2－12　一般连锁企业的培训分层模型

层级	受训人	培训内容
战略	企业领导人	企业发展战略、规划
战术	管理层	管理决策、管理水平提升
执行层	基层员工	岗位技能培训

在连锁企业门店，日常需要进行的培训基本都属于岗位技能培训。例如，新员工入职时，要培训基本岗位技能；门店有大型活动时，要培训活动操作流程和标准等。

一、制订培训计划

（一）培训计划是什么

培训计划是按照一定的逻辑顺序排列的记录，它是从组织的战略出发，在全面、客观的培训需求分析基础上做出的对培训内容、培训时间、培训地点、培训者、培训对象、培训方式和培训费用等的预先系统设定。

（二）如何制订培训计划（如图 2－4 所示）

图 2－4　制订培训计划

1. 明确培训内容

了解这次需要培训什么内容，例如，是新员工入职培训，还是企业新政策新标准的培训。新员工入职培训是企业文化培训还是岗位技能培训。

2. 制定培训目标

确定通过这次培训要达到什么成效。例如，是让新员工学会如何正确补制物料，还是让受训者学会如何进行活动的陈列。

3. 分析培训对象

了解受训者的背景，仔细分析他们与培训内容的契合度，根据不同的培训对象或者众多培训对象的差异度来制订培训计划。例如，新员工培训中，有的新员工有过餐饮企业门店的工作经验，那培训时对 QSC 的基础介绍时间可安排少一点。在门店马上要配合商场进行周年庆活动时，门店的员工都没有过类似活动的经验，那培训时要详细讲解应急预案，因为对于初次实践大型活动的员工来说很可能会出错，他们要知道如何进行补救。

4. 编写培训计划

根据前面三个步骤的分析，制订培训的计划表，表中一般需要包括培训内容、培训时间、培训地点、培训者、培训对象、培训方式等。

直通职场

某连锁奶茶公司的门店基础岗位新员工入职
培训计划表（门店岗位技能部分）

二、实施培训

（一）谁来实施培训

连锁企业有着它的特殊性，门店数量多，门店分步广，门店员工多，所以如果单纯依靠连锁企业的总部培训部进行培训，那无论是培训所需要完成的时间，还是培训所需要的培训师数量，都是很庞大的。

为了解决以上问题，连锁企业门店会设置培训经理，承担门店的所有培训。一般这个职能由门店经理或店长承担，但就算如此，他们依然分身乏术，所以门店还会设置一个或数个训练员来配合经理完成门店的培训计划，执行具体培训内容，以及辅助完成培训后的监督和考核。

（二）如何实施培训

1. 培训前的准备工作

在培训开始之前，制订培训计划只是培训的第一步，在真正进入每一项培训之前，要认真对照培训计划进行准备工作，培训重点准备内容如图 2－5 所示。

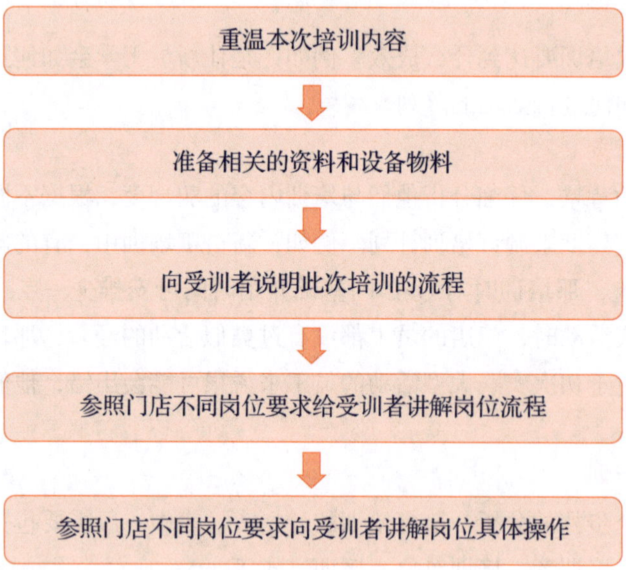

图 2－5　培训重点准备内容

2. 培训中的示范和练习

学习了理论知识后，培训中最重要的是实际操作，也就是让受训者不仅看起来听懂了，而是要真正地会做。因为“听起来会了”和“实际真的会了”之间还有很大的距离，哪怕是门店收银岗操作验钞机这样简单的步骤。所以培训中的核心环节是“你说我做”和“我说你做”，具体如表 2－3 所示。

表 2－13　示范练习说明表

"你说我做"——训练员的示范		"我说你做"——受训者的练习		
序号	具体内容	序号	具体内容	
1	由受训者结合培训资料，说出操作流程	1	由训练员说出操作流程，同时由受训者根据流程进行操作	我说我做——受训者自己操作
2	训练员亲身示范操作流程	2	通过反复练习，逐步转变为受训者自己能掌握操作流程的同时完成"我说我做"	
3	在示范过程中，以提问的方式引导受训者思考，并解释问题背后的原因	3	受训者每完成一次完整的操作流程后，训练员通过反馈给予修正	
4	在培训过程中强调服务和安全	4	逐步减少辅导的频率，直至其能独立完成正确的操作流程	
5	适时回答受训者的疑问			

直通职场

麦当劳的训练员

三、监督培训

（一）监督是什么

监督指对现场或某一特定环节、过程进行监视、督促和管理，使其结果能达到预定的目标。

（二）为什么要监督

培训监督是培训工作中最容易被忽视的一环，但又是很重要的一环。也有很多企业根本没有进行培训监督，或者即使制定了各种培训监督机制，实际执行过程中也流于形式。

一方面，这是因为很多人以为培训目标定得好，培训实施得好，整个培训就基本结束了，殊不知很多培训任务是需要长期执行或反复学习的。有时现场的培训效果很好，也很难保证受训者在后期的常态化工作中做得好，就像"听懂了看懂了，不代表会做了，会做一次了不代表做得熟练，做得达到标准"。另一方面，由于培训监督是长期的过程，战线过长，监督人难以坚持。

如果培训过程监督得好，那培训目标的达成情况一般不会差；如果培训过程不进行监督，那培训目标的达成大多都比较差。

（三）如何监督

在进行培训监督时，要弄清楚 3W，即 WHO、WHEN、WHAT。WHO，表示要明确进行监督的主体是谁；WHEN，表示要厘清进行监督的时间，WHAT，表示要规定本次培训过程中具体要监督什么。3W 原则如图 2－6 所示。

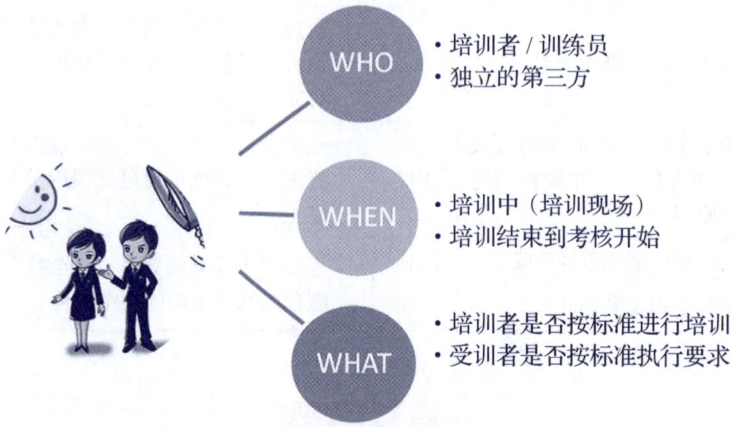

图 2－6　3W 原则

1. WHO

（1）在门店进行培训监督的第一主体是培训者或训练员，也就是在门店中具体执行某次培训的老师，在门店中这一角色更多的是训练员。

（2）监督主体是独立的第三方，他们会更客观。在前面的学习中我们了解到，连锁企业的总部会设计整个企业的完整培训体系，会规定不同类型不同层级的培训内容和要求，那如何保证门店的训练经理或训练员会不折不扣地按要求执行培训过程呢？于是在一些连锁企业总部的人力资源部门或者单独的培训部，会设置一个监督职能，由他们来监督门店的培训执行是否符合标准，在很多公司他们被称为查核专员。

2. WHEN 和 WHAT

（1）门店训练员对受训者的监督贯穿培训全过程。主要监督受训者的学习态度是否端正、学习接受能力如何等。

（2）查核专员的查核工作主要分两个时间段：第一个时间段是在某个门店的训练专员正在培训员工的过程中，他们来到门店监督培训过程中训练员是否按标准教，受训者是否按标准学；第二个时间段是在某个员工培训结束后，到正式的考核之前，他们来到门店监督受训者的实际工作表现。

直通职场

某奶茶连锁企业的训练查核表

四、培训考核

（一）考核是什么

对培训的最终效果进行考试和评价。具体来讲，培训效果评价内容大致有以下几项：培训内容是否按原计划顺利完成；受训者实际接受程度如何，是否对实际工作有指导意义；培训后学员有哪些变化；培训讲师讲授水平如何；培训教材质量如何；培训时间、场地是否适宜；培训投资与收益的分析；培训中成功和失败之处，还须作何改进。

很多连锁企业都会采用笔试、面试等形式考核知识掌握程度，采用实际操作演示评估技能的提高程度。

（二）为什么要考核

培训的考核工作对于培训工作整体的效率具有决定性的影响。企业通过及时合理的效果评估工作，能够不断发现问题并及时总结经验，进而不断更新培训方式、教材、讲师，以使得配套服务更适合自身的特点，从而实现培训的既定目标。

（三）如何考核

唐纳德·L. 柯克帕克提出的柯氏四级培训评估模式指出，评估培训效果有四种方式：一是观察学员的反应，二是检查学员的学习结果，三是衡量培训前后的工作表现，四是衡量公司经营业绩的变化。结合连锁餐饮企业的实际业务，评估方法如表 2－14 所示。

表 2－14　评估方法

层次	衡量内容	衡量方法
反应	受训者对培训各个环节的感受和满意程度	问卷调查、访谈
学习	通过培训掌握了哪些知识和技能	笔试、绩效考核、实践检测
行为	受训者通过培训哪些行为发生了改变	上级、同事、下级、客户的评价
结果	行为的变化是否对组织产生了积极的影响	工作绩效、成本费用控制率、顾客满意度

1. 反应评估：评估受训者的满意程度

这是指受训者对培训项目的印象如何，包括对讲师和培训科目、设施、方法、内容、自己收获的大小等方面的看法。反应层评估主要是在培训项目结束时，通过问卷调查、访谈来收集受训者对于培训项目的效果和有用性的反应。这个层次的评估可以作为改进培训内容、培训方式、教学进度等方面的建议或综合评估的参考，但不能作为评估的结果。

直通职场

某连锁餐厅餐厅经理培训效果评估表

2. 学习评估

学习评估是目前最常见，也是最常用到的一种评价方式。它一般用来测量受训者对原理、技能、态度等培训内容的理解和掌握程度。学习层评估可以采用笔试、实地操作和工作模拟等方法来考查。培训组织者可以通过笔试、绩效考核、实践检测等方法来了解受训人员在培训前后，知识和技能的掌握方面有多大程度的提高。

> **直通职场**
>
> 某餐厅员工工作训练追踪考核卡如表 2－15 所示。

表 2－15　餐厅员工工作训练追踪考核卡

卖场：________ → ________ → ________ → ________ → ________ → ________

员工姓名：　　　　简介日期：

工作站								高峰	B 区			C 区	
日期		咖啡	茶饮	冰沙	刨冰	冰淇淋	收银	SA	华夫	简餐	蛋糕	出餐	清洁
训练开始	日期												
	签名												
训练鉴定	日期												
	签名												
追踪鉴定	日期												
	签名												
	日期												
	签名												
	日期												
	签名												
	日期												
	签名												
	日期												
	签名												
	日期												
	签名												

新产品						
名称						
训练开始	日期					
	签名					
训练鉴定	日期					
	签名					
新产品						
名称						
训练开始	日期					
	签名					
训练鉴定	日期					
	签名					
新产品						
名称						
训练开始	日期					
	签名					
训练鉴定	日期					
	签名					

（表中标注：此处填写员工开始训练的日期；此处填写训练员姓名；此处填写员工训练鉴定的日期；此处填写训练员姓名；此处填追踪时间及追踪人签名，通过需将小方框涂黄，未通过不涂）

备注：

1. “SA= 高峰（A 区岗位）”，即高峰岗位鉴定是在通过 A 区岗位后可以进行高峰岗位鉴定。
2. SA 是在 A 鉴定通过的基础上进行的，故无“训练开始”，只有“训练鉴定”。

3. 行为评估

行为的评估指在培训结束后的一段时间里，由受训者的上级、同事、下属或者客户观察他们的行为在培训前后是否发生变化，是否在工作中运用了培训中学到的知识。这个层次的评估可以包括受训人员的主观感觉、下属和同事对其培训前后行为变化的对比，以及受训者本人的自评。

（四）考核后的绩效管理

培训结束后，企业会利用以上介绍的几种不同的评价方式对受训者进行考核，考核出来的结果要跟员工的绩效挂钩，这里的员工既是指受训者，又是指训练员。他们的考核评价结果一般都会分为“优秀”“合格”“不及格”等几个不同的档次，这些会折合成不同的分值计入当月的绩效考核。简而言之，一个被评为“优秀”的训练员可能要比一个被评为“合格”的训练员多拿一些绩效奖金；一个被评为“优秀”的受训者往往比一个被评为“合格”的受训者要早几个月晋升到下一个层级。

直通职场

食安 365 平台

思政园地

吕雪瑾：小小售货台，初心大舞台

2020 年 11 月 24 日上午，2020 年全国劳动模范和先进工作者表彰大会在北京人民大会堂隆重举行。南京新街口百货商店股份有限公司吕雪瑾荣获“全国劳动模范”称号，受邀参会并接受表彰。

吕雪瑾 1997 年参加工作，2006 年起先后荣获南京市劳动模范、全国商务系统劳动模范、全国五一劳动奖章、江苏省劳动模范等荣誉称号，并当选为南京市第十二、十三届党代表，江苏省第十三届党代表。

一、苦练内功，专业服务，追求极致的销售状元

“让每一双脚找到合适的鞋”是吕雪瑾长期的服务操守。为了尽快掌握鞋类商品的特性，她自费到厂家当学徒，掌握了制鞋的八大工序，熟知皮质、底料的鉴定和特色，练就了“眼看手触一口准”的过硬本领，总结出“四心五勤”服务法和“享受快乐服务，体验美好生活”的服务理念，成为鞋类销售的行家里手。柜台接待中，她总是转换角色，从内行朋友的角度，根据当年的流行趋势，结合顾客双脚的生理特点，有的放矢地推荐适合他们脚型的款式。

为使顾客满意，她每天往返于仓库与柜台间的累计路程达 2 万多米，每天的销售额总是比对班高 20% 以上，所在柜台连续 3 年获得该品牌全市销售状元，年业绩占该品牌全市总额的 40%。20 多年的一线销售，从自费购买鞋类护具、提供免费护理、建立 VIP 客户档案，到推进线上个性化服务，不断完善服务措施，顾客视她如亲友，她服务的消费者 30% 都是回头客。作为党员先锋岗的柜长，她要求自己和身边的同事“人人是形象，处处是窗口，事事是服务”，紧扣每一个细节，努力将三尺柜台打造成南京国际化都市形象的展台。她过度劳累病倒过，被顾客误解委屈过，但她始终无怨无悔。8 000 多个日夜、十几万字的工作日记、1 000 多名保持经常联系的老顾客，这一桩桩、一件件都在记录着吕雪瑾始终如一的坚持。纯真率直、从容淡定，业精于勤，这就是真实的吕雪瑾，以优质服务践行诚信经营的理念，弹奏和谐共享的时代强音。

二、创新思路，首创省内实体商业劳模网络服务的弄潮儿

随着电商营销模式的盛行，原本传统的实体商业受到了极大冲击。已调入客服中心的吕雪瑾看在眼里、急在心中，反复思考实体与电商各自的优缺点，苦寻破局良策。通过与顾客的接触调研，她决定充分发挥南京新百“劳模品牌资源＋老字号商业信誉＋场景化休闲购物体验”独特优势与线上营销有机融合的新型服务模式，从新百客服积累的30万客户资源中深入挖潜，培养网上圈群，增强客群黏度，以此作为实体营销的有机补充，相互融合、齐头并进。

吕雪瑾的想法得到新百党委、总裁室和工会的大力支持，2018年成立了由一线6位市级以上劳模组成的“吕雪瑾劳模创新工作室”，最大限度地发挥新百的劳模群体优势和品牌效应。作为工作室的带头人，吕雪瑾凭借对智慧零售和未来商业趋势的理解，利用客服多年积累的客户信息资源，在江苏省内首创了以劳模服务为平台的新百实体导购与线上营销的并轨模式，打造了7个社群互动和圈群交易，定期推送专业商品知识和商品信息，顾客从“咨询—下单—配送—售后”享受一条龙足不出户的VIP待遇。

为了引领消费，她举办美妆课堂、养生讲座、会员外出拓展等，加强群内沟通交流，及时解疑解惑，解决顾客需求，从而培养了大批高端忠实客群，收到的各类来电表扬、网络好评不计其数。在IT、企划、营销、财务、客服等部门鼎力支持下，“吕雪瑾劳模创新工作室”率先在省内实体零售行业内进行会员大数据分析、建立会员标签、试水精准营销，工作室成立一年半以来实现经济效益2 400万元，成效十分显著。南京新百在“吕雪瑾劳模工作室”网络营销成功经验的基础上不断拓展，“新百微商城”、苏浙沪顺丰包邮一站式服务“新百全品类线上购”等相继上线，为虚拟经济下的实体商业破茧重生开辟了一条新路。

在做好网络营销的同时，“吕雪瑾劳模工作室”定期开展“劳模服务日”活动，让劳模成为网红，面对面让顾客体验服务，不断壮大新的客户群体。吕雪瑾充分发挥工作室每位成员的特长，开发钟表选购、服饰搭配、鞋类保养等专业培训课，倡导匠心精神、向上文化，引领大家追求卓越，超越自我，锻造出一支思想觉悟高、业务技能精的员工队伍。

三、大爱无疆，弘扬时代主旋律的劳模带头人

作为全国劳模张云泉的徒弟，吕雪瑾严格要求自己，敢于担当。她继承新百劳模传帮带的优良传统，悉心总结营销经验，利用无数个夜深人静的业余时间，陆续编写了二十多门专业培训课件，注重学习型班组建设和服务技能的传承；作为最受欢迎的内训师，为了吸引年轻客群，她与时俱进，虚心好学，钻研微信、抖音等新媒体，连续两年在系统内巡回演讲《客服说》服务分享；牵头各类专业培训10 000多人次，帮带新员工500多人次。由她主持的各项劳动竞赛、技能比赛已达80多场，参与人数8 000多人次。她用生动有趣、浅显易懂的语言，教会营业员沟通、销售的技巧。她还根据一线

员工倒班制的工作模式，开展了“开门后一小时的服饰搭配”技能训练，所有模特都是自己的员工，她创新劳动竞赛“以赛代训”，大大提高了员工的业务技能。

她的小组里曾有一个新品牌，知名度不高，销售也不好，她发现问题可能出在销售员的业务知识上，于是就来到柜台“手把手”地教。有一天他碰到一对母女，小姑娘前前后后试穿了好多双也不满意，营业员很泄气，店长也无可奈何。吕雪瑾通过观察发现小女孩的脚有些特别，五个脚趾头一样齐，这种脚叫“罗马脚”，“罗马脚”确实很难买鞋，因此吕雪瑾为她选了一双圆头的比较秀气的凉鞋，小姑娘穿上后连说舒适，临走时还对吕雪瑾说：“下次就找你买鞋。”这次现场教学让小组同事们叹服，从那以后，在培训时大家学习劲头更足了，工作信心也更强了。

2020 年新冠肺炎疫情（NCP）爆发以来，吕雪瑾在疫情防控一线亮身份、见行动、做表率，团结带领身边群众坚定信心，众志成城，携手奋进，坚决打赢疫情防控阻击战。她除缴纳特殊党费 2 000 元外，还以个人名义向南京市慈善总会捐款 5 000 元。当得知南京市中医院组织医疗救援队驰援武汉疫情一线后，她立即组织劳模工作室筹集资金购买了价值 5.88 万元的冲锋衣等物品，无偿捐赠给南京市中医院战斗在武汉前线的医疗队，以表达新百劳模对医务人员的由衷敬意，为白衣卫士助力，为健康生命祈福，在大灾大难面前恪尽一名共产党员和劳动模范的职责与担当。

疫情防控期间，为了更好地保障顾客和营业员的身心健康，在吕雪瑾的大力推动下，新百商店各楼层迅速建立了 50 多个线上顾客群、300 多个品牌群，每天接待上万人，为顾客提供售前咨询、售中办理和售后送退换一条龙服务，既满足了顾客在疫情闭关期间的生活需求，也全面推进了新百的线上发展。

“人生在勤，不索何获”，这就是吕雪瑾的做事风格，求真是她党性修养的折射，务实是她劳模本质的再现。诚如她的名字，有着冰雪般的美好心灵，细致严谨的工作作风，在平凡的岗位上诠释着自己的人生价值，以朴实无华的实际行动践行着新时期的劳模精神，成为绽放在南京新百劳模沃土中靓丽芬芳的花朵。

资料来源：佚名. 全国劳模吕雪瑾　引领新时期劳模风尚的带头人.（2020-11-28）[2021-09-17]. https://new.qq.com/rain/a/20201128A096GQ00.

通关练习

一、选择题

1. QSC 代表（　　）。

A. 原料　　B. 质量　　C. 服务　　D. 卫生

2. 制定 QSC 工作标准的一般原则（　　）。

A. 可执行性原则　　B. 效益最佳原则　　C. 稳定性原则　　D. 经济性原则

3. 服务质量是顾客的（　　）同其（　　）的比较。

A. 预期服务质量　　B. 感知服务质量　　C. 核心服务质量　　D. 附加服务质量

4. 商品缺货率一般确定为（　　）比较恰当。

A.1%　　B.2%　　C.3%　　D.5%

5. 商品缺损率一般控制在（　　）是恰当的。

A. 1%　　B. 2%　　C. 3%　　D. 5%

6. 完整的培训系统包括（　　）。

A. 职前培训　　B. 在职培训　　C. 一岗多能培训　　D. 促销技巧培训

7. 完整的营业手册包括（　　）。

A. 营业前　　B. 营业中　　C. 营业初期　　D. 营业后

8. 门店运营与管理的具体目标有（　　）。

A. 销售额的最大化　　B. 损耗的最小化　　C. 销售量的最大化　　D. 利润的最大化

二、填空题

1. 门店运营与管理是一个____________过程。

2. ____________对连锁经营的驱动具有核心的作用。

3. ____________和____________是管理活动得以开展的两个方面。

4. 记录作业情况是指根据____________的营运状况一一加以记录。

5. 标准的统一性并不排除门店的____________。

三、思考题

1. 如何理解 QSC 标准体系构建对连锁门店的影响？

2. 论述制定门店管理标准的具体步骤。

3. 如何制定对门店营运质量考核的制度与标准？

4. 简述完整的培训系统的基本层次。

四、案例分析

屈臣氏——标准化管理的魔力

屈臣氏集团是全球最大的保健及美容产品零售商和全球最大的香水及化妆品零售商，在亚洲及欧洲 36 个市场、1 800 多个城市共拥有 19 个零售品牌及逾 7 700 间零售商店。屈臣氏个人护理用品商店自 1989 年第一间店在中国香港诞生以来，目前在店铺装饰方面已经发展到了第五代执行标准，无论顾客到了任何地区的任何一家分店，除了店铺经营面积的大小与形状差异，你都很难发现其他方面的变化，店铺门面、墙壁的颜色、店铺布局、员工的服装都一模一样，所有的店铺都在进行同样的促销活动。

标准一：店铺的标准化

为统一卖场形象，为了所有员工能熟练掌握并执行统一标准，屈臣氏制定了《发现式陈列手册》，“发现式陈列”的精髓是：“在合适的时间、提供合适的商品、以合适的价格、陈列合适的数量于合适的地方”。其陈列标准有：

（1）屈臣氏店铺主要有3种“购物体验”：美态（专柜、非开架陈列、护肤品及饰品），欢乐（护发、沐浴、口腔、男士用品、纸制品、小工具、小食品），健康（药房、卫生用品）。在布局中，以上产品需要共同陈列。

（2）化妆品作为主要大类应陈列于各店铺前部。

（3）药房和日用品作为“目标购物”部门，可陈列于各店铺的后部。

（4）化妆品和护肤品作为提供近似购物体验的部门，临近陈列在一起，而药房作为一个整体部门，在陈列上就显得灵活了很多。

（5）婴儿用品作为药品和日用品的“桥梁”部门，陈列于两者之间或者临近两者之一。最理想的是如果布局允许，陈列于药房的一侧。

（6）食品部门总是陈列于收银台旁边。

（7）杂样产品规划为“欢乐”部门之一，主要陈列于高客流量的位置——通常紧邻主通道或者收银台。

（8）愉快购物体验放在第一位，将所有的相关产品共同陈列，最大限度地利用每一米货架（促销商品）。

（9）在店铺醒目位置陈列“推动走廊”，突出最佳促销堆头。

（10）收银台放在店铺的中部，收银台与药房一般是分开的。

标准二：服务的标准化

在顾客服务方面，屈臣氏提出了简单而又有效的顾客服务标准：

（1）“欢迎光临！有什么可以帮到您？”所有员工必须对来店的顾客打招呼。

微笑与眼神接触：在跟顾客打招呼时一要微笑，二要眼神接触，只有眼神接触的招呼才是有效的，才是让顾客感觉有诚意的。

（2）递购物篮：当发现顾客手中的物品超过2件时，第一时间询问顾客是否需要购物篮，当发现顾客提满一篮商品时，立即帮忙拿到收银台，这一切在日常服务要求中不停地强调，不停地执行，让顾客时时感受到被关心，被重视。

（3）收银服务：收银服务是屈臣氏非常关注的一项服务，屈臣氏发现，顾客由于各种原因，在购物的时候最怕的是排队付款，所以屈臣氏要求，在收银台前，一般不能有超过5个顾客排队买单，如果出现这种情况，必须马上呼叫其他员工帮忙，在听到帮忙需求时，无论员工在忙什么，都要第一时间赶到收银台，解决收银排队问题。

（4）还有一项特别的要求，当顾客咨询药剂师时，药剂师一定要以“我是屈臣氏专业药剂师，有什么可以帮到您”表明自己的专业身份。

（5）收银员推销促销商品和换购商品。当顾客在付款的时候，收银员会在适当的时候向顾客推介优惠的促销商品。

（6）在顾客离开店铺时，无论是哪位员工，都会打声招呼：“欢迎再次光临。”

标准三：管理的标准化

在屈臣氏个人护理用品门店，为了保障所有流程的标准化执行，日常管理起着非常重要的作用，屈臣氏规定了一系列的标准化制度：

（1）收银程序标准化。

（2）现金管理标准化。

（3）物流管理标准化。

（4）店铺操作流程标准化。

标准四：异常处理的标准化

屈臣氏认为，异常事故更需要有执行的标准，任何公司在长期发展中都不是一帆风顺的，屈臣氏也同样会遇到各种各样的困难，屈臣氏需要居安思危，制定出更加有效的管理方法。

模块三

门店基础操作

学习目标

知识目标

- 了解人员基础工作管理的基本内容；
- 熟悉当班次工作执行与管理的基本内容；
- 掌握顾客投诉的处理原则和处理顾客投诉的步骤；
- 掌握门店营销活动的类型和促销活动策划基本要求。

能力目标

- 能够对工作人员的班次出勤进行合理的调配，并对每月人员执行纪律的数据进行统计；
- 能够对现场顾客投诉做出判断，合理处理顾客投诉的问题；
- 能够对所辖区域品类的销售任务设计促销活动，并做好实施工作。

思政目标

- 培养学生门店管理的能力，提高学生与人沟通的能力；
- 培养学生养成良好的工作习惯，确立积极、健康的工作态度；
- 培养学生团结协作的精神和创新思维能力。

知识导图

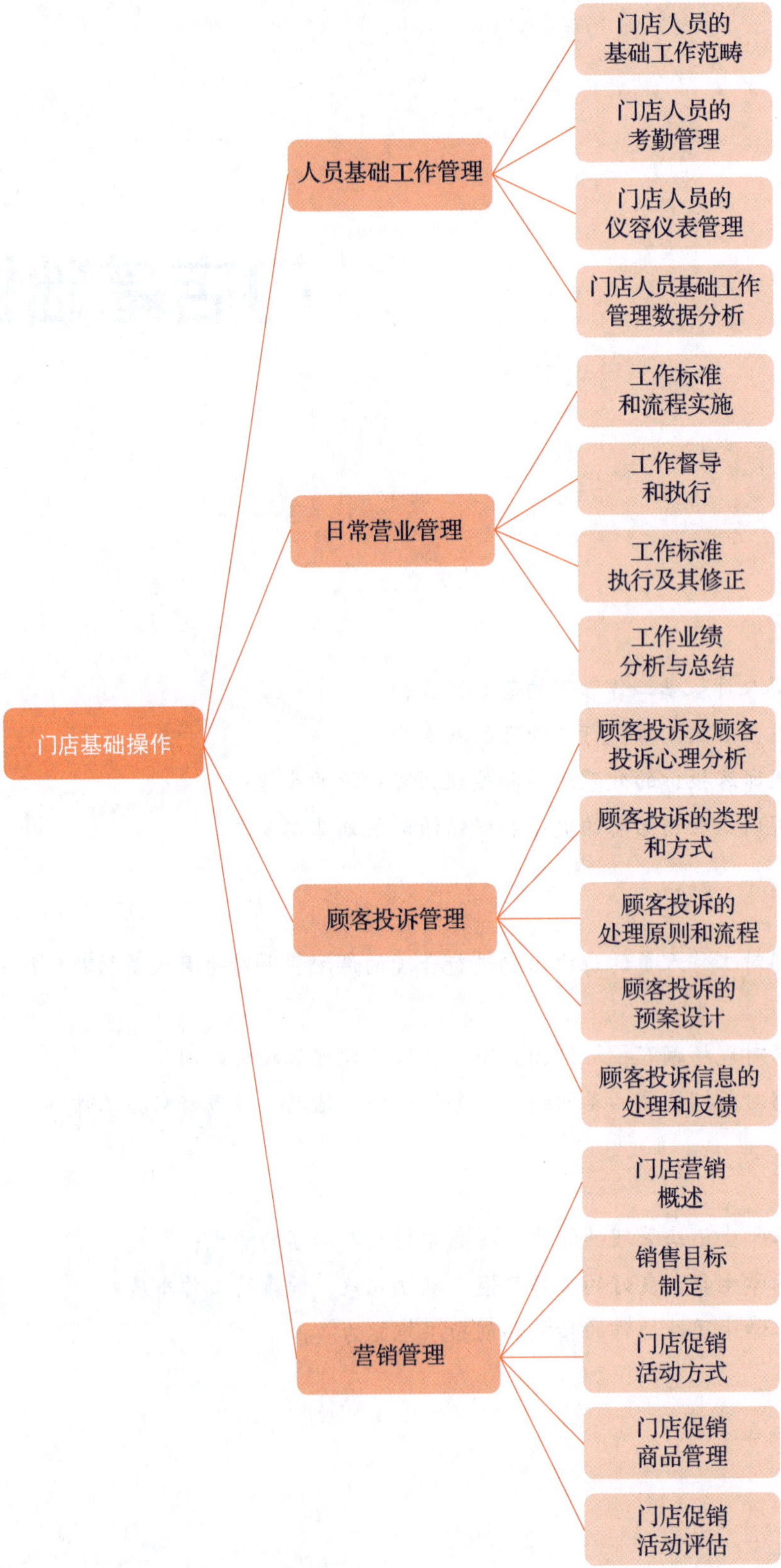
门店基础操作
人员基础工作管理
门店人员的基础工作范畴
门店人员的考勤管理
门店人员的仪容仪表管理
门店人员基础工作管理数据分析
日常营业管理
工作标准和流程实施
工作督导和执行
工作标准执行及其修正
工作业绩分析与总结
顾客投诉管理
顾客投诉及顾客投诉心理分析
顾客投诉的类型和方式
顾客投诉的处理原则和流程
顾客投诉的预案设计
顾客投诉信息的处理和反馈
营销管理
门店营销概述
销售目标制定
门店促销活动方式
门店促销商品管理
门店促销活动评估

单元一

1 人员基础工作管理

案例导入

专卖店员工穿工服、戴工牌“十准、十不准”员工守则

某品牌公司在最近一段时间“神秘访客”的反馈报告里发现，公司部分下属专卖店出现了劳动纪律松散与不按照公司制定的服务流程开展销售工作的现象。

反馈的问题主要集中在：员工上岗工作时间不化妆或化浓妆；不穿着店服；午餐时趴在收银台上吃饭；穿着店服在专卖店门口吸烟或聚众聊天；顾客进店不做迎接推荐，脱岗接电话、玩手机等。这些行为已经在部分消费者心中造成了品牌门店管理缺失，员工服务态度冷淡等不良印象。

为了改变并提升品牌公司在顾客及非顾客心目中品牌形象，公司制定了关于专卖店员工穿工服戴工牌时的“十准十不准”员工守则，并制定了相关培训计划与管理要求。在经过了一个月的整顿期后，“神秘访客”的反馈报告里有了相关工作大有改观的反馈。

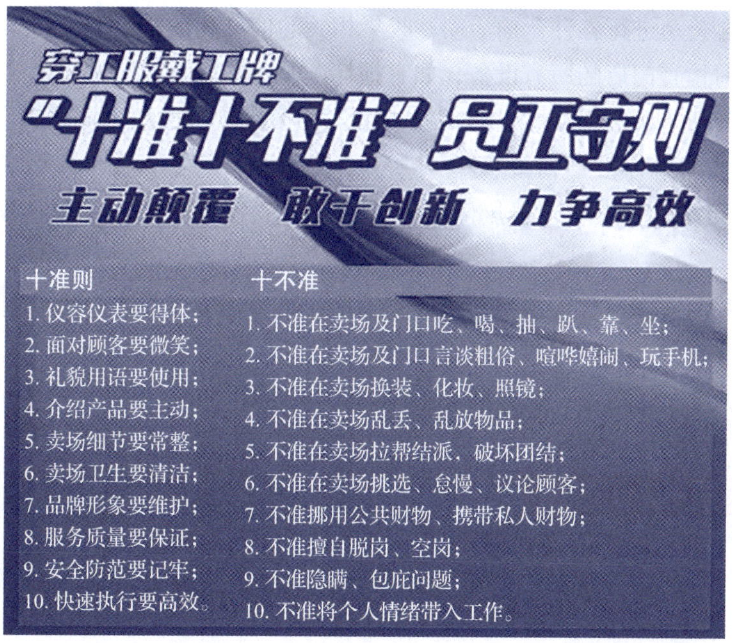

思考：

1. 从这个案例中，我们可以得到什么样的启示？

2. 如何有效地做好员工的仪容仪表管理？

一、门店人员的基础工作范畴

基础工作的成效决定了门店管理的质量，门店业绩持续增长来源于基础工作，所以每个门店都应该抓好基础工作。门店人员的基础工作范畴大致如下：

（1）坚守工作岗位，不得无故串岗、离岗，有事离岗须向店长或值班经理请假并向其他员工做好委托。

（2）店面到货须配合验收员认真清点验收，及时上架。

（3）检查每日价格变动报表，如有异动，及时更换价格牌和特价牌。

（4）生鲜处检查每日更改的价格是否已传到每台电子秤上。

（5）如缺价格牌，用激光条码扫描枪扫描商品条码并打印，以便补齐。

（6）根据货架清洁计划清洁货架和商品。

（7）根据陈列规则陈列商品，并随时保持货架上摆放的商品充足和整齐，并确保卖场走道整洁、畅通，如果发现商品不足应及时告知店长或值班经理。

（8）根据计划用激光条码扫描枪进行周期盘点。初盘结束后，营业员必须和保安或收银员一起，检查有较大差异的盘点单品。

（9）根据到货状况表检查到货状况，将未到货的商品向店长报告，并及时打电话给厂商查明原因。

（10）配合做好顾客信息采集、交易数据收集和分析工作。

（11）配合公司进行各种营销活动并收集相关的信息和数据。

（12）定时检查门店的所有设备，如有损坏，及时向店长或值班经理汇报。

（13）微笑服务，积极响应，按时按质配送，要用规范的语言同顾客交谈，避免与顾客产生冲突，收银员要严格按照规范进行收银操作。

（14）遇到投诉的顾客，要热情接待并严格按照投诉处理流程进行操作，并上报店长。

（15）填妥每日商品报废清单，请店长签字，再将报废商品连同清单置于报废区。

（16）整理退货，核实退货的数量并封箱。

（17）听从店长的安排，做好店长临时交办的工作。

二、门店人员的考勤管理

为确保门店的正常运转，严肃工作纪律，营造一个良好的工作秩序，门店应重视考勤管理，相关部门和人员应按照规定记录员工每天的出勤情况，每月月末对考勤进行统计，将统计结果作为计算工资的基础数据。企业通过有效的激励机制激发员工的积极性，从而使员工为企业创造更多的宝贵财富，考勤管理在其中扮演着很重要的角色。

考勤管理由考勤管理制度、日常考勤、员工出勤调配三部分组成。

（一）考勤管理制度

考勤管理制度是对员工进行考勤统计的依据，考勤管理制度的科学与否将严重影响到员工的考勤情况，因此考勤管理制度的制定非常重要。

考勤管理制度至少应包括以下内容：

（1）员工上班和下班的具体时间。

（2）员工迟到、早退、旷工的明确界定及处罚措施。

（3）病假、事假、婚假、丧假、年休假等的具体规定及审批流程。

（4）出差规定及审批流程。

（5）门店或员工个人突发事件等的处理。

（6）考勤负责人及其汇报对象。

（7）全勤及加班的奖励等。

每个门店应该根据自身的情况建立和完善符合自己的考勤管理制度。

直通职场

××门店员工考勤管理规定

（二）日常考勤

日常考勤就是由考勤员记录员工的出勤情况。在数字化运营下，日常考勤应基于数字化排班和数字化的工具。数字化工具可以是一款 App，也可以是 Excel 等基本的程序，但如果门店全数据化运营的话，则考勤的数字化工具应该是门店数字化系统里的某个功能。不管是以上哪种，数字化工具都应该包括以下内容：

（1）员工的基本信息，如员工编号、姓名、性别、出生日期、文化程度、岗位、级别等。

（2）考勤的符号及其对应的数字化编号。考勤符号是在日常登记考勤时所使用的符号，如“全”代表考勤日全勤正常上班、“病”代表考勤日病假、“休”代表考勤日休息等。考勤符号可以根据公司的管理规范确定，既可以使用文字，也可以使用图形符号。

每个符号对应一个数字，以便统计分析。

（3）为了让考勤员或员工自己准确、方便、快捷地输入数据，数字化工具应该提供下拉菜单方式选择考勤符号。

（4）数字化工具应通过颜色的变化（或字体的变化等）突出显示非全勤人员的信息。

（5）数字化工具应能够对员工出勤情况进行统计汇总。

（三）员工出勤调配

良好的数字化工具能通过预测经营获取每日每时所需的工时，帮助企业控制劳动力成本，提高用工效率。但这样也不能保证预测和实际完全一致，避免不了员工的突发情况，因此，员工出勤调配就成为常事。为使出勤调配工作能够高效地完成，应该要做好以下几点：

（1）门店员工应按工作大类进行归类，将技能相通、相近的岗位合并成工作站点，同时规范工作内容和相关工作技能要求，自动匹配合适员工，实现一人多岗、一岗多人的机动模式。

（2）规范考勤管理制度，合理调控员工出勤，最大化使用员工劳动力，恰当调配员工出勤、公休时间，实时规避员工不合理的出勤与公休浪费，为企业节约看不到的劳动力成本。

（3）实时管控门店运营中随时发生的请假、假期和公休；创立账本式管理，自动化地监控缺勤情况，后台一键设定员工请假、调休、年假及公休时间限制，超额自动提醒调班。

三、门店人员的仪容仪表管理

仪容是指人的容貌、形体和体态，是人的内在素质的外在体现，反映了员工的自尊自爱，也反映了企业的管理水平。

仪表是指人的外表，包括人的服饰和姿态两个方面，是个人精神面貌的外观体现。

良好的仪容仪表体现了门店的气氛、档次、规格，员工必须讲究仪容仪表。

（一）仪表要求

（1）着装要清洁整齐。上班要穿工衣，工衣要干净整齐，纽扣要齐全，并扣好，不可敞胸露怀，衣冠不整。工牌要佩戴于左胸前。不能将衣袖、裤子卷起。女店员穿裙子，不可露袜口，应穿肉色袜子。系领带时，要将衣服下摆扎在裤腰内。穿黑色皮鞋并要保持光亮。

（2）仪表要大方。指甲要常修剪，不留长指甲，不涂有色的指甲油。发式要符合公司规定要求，男士不留长发，发脚以不盖耳部及后衣领为宜；女士不留怪异发型，头发要梳洗齐正，不披头散发，前发不遮眼，后发不过肩，使用统一的发夹。

（3）注意个人卫生，爱护牙齿。男士坚持每天剃刮胡须。鼻毛不能出鼻孔，手要保持清洁。早晚要刷牙，饭后要漱口，勤洗澡防汗臭。上班前不吃异味食品及不喝含酒精的饮料。

（4）注意休息好，保证充足睡眠。常做运动，保持良好的精神状态，上班时不要面带倦容。

（5）女士上班要淡妆打扮，但不准戴手镯、手链、戒指、耳环及夸张的头饰，戴项链不外露。男女不准戴有色眼镜。化妆要干净、清爽，保持非油腻外貌。每日上班前要检查自己的仪表，在公共场所需整理仪表时，要到卫生间或工作间，到客人看不到的地方，不要当着客人的面或在公共场所整理。上班之前，前后台工作人员都要检查自己的仪表，做到着装整洁后方可上岗。

（二）表情要求

表情是人的面部动态所流露的情感，在给人的印象中，表情是非常重要的，在为客人服务时，具体要注意以下几点：

（1）要面带微笑，和颜悦色，给人以亲切感；不能面孔冷漠，表情呆板，给人以不受欢迎感。

（2）要聚精会神，注意倾听，给人以受尊重之感；不要没精打采或漫不经心，给客人以不受重视感。

（3）要坦诚待客，不卑不亢，给人以真诚感；不要诚惶诚恐，唯唯诺诺，给人以虚伪感。

（4）要沉着稳重，给人以镇定感；不要慌手慌脚，给人以毛躁感。

（5）要神色坦然、轻松、自信，给人以宽慰感；不要双眉紧锁，满面愁云，给人以负重感。

（6）不要带有厌烦、僵硬、愤怒的表情，也不要扭捏作态、做鬼脸、吐舌、眨眼，给人以不受敬重感。

（三）仪态要求

（1）站立要端正，挺胸收腹，眼睛平视，嘴微闭，面带笑容，双臂自然下垂或在体前交叉，右手放在左手上，以保持随时为客人提供服务的状态，双手不要叉腰，不插袋，不抱胸。女士站立时，脚呈V型，脚尖分开度为45°～60°，双膝和脚后跟要靠紧。男士站立时双脚与肩同宽，身体不可东倒西歪。站累时，脚步可以向后站半步或移动一下位置，但上体仍应保持正直，不可把脚向前或向后伸开太多，甚至叉开很大，不倚壁而立。

标准站姿的训练方法有贴壁站立、背靠站立、顶书站立等。

部分岗位人员的站姿要求如下：

①迎宾员的站立除以上要求外，两臂自然下垂，脚跟并拢，脚尖自然分开，面带微

笑。如果客人出入，两脚可稍放松，当客人到达时应立即恢复正规姿势，双手放在大腿两侧，手指稍弯曲。

②服务员上身挺直，两脚分开（脚跟分开距离限 8cm 内），双臂自然下垂。男女可采用背手式（后背式），双手背后轻握，也可以双手相交放在小腹部（前腹式）。

③前台人员上身挺直，两脚分开，双臂可适当处理，但不可抱臂（可采用前腹式）。

（2）行走应轻而稳，注意昂首挺胸、收腹、肩要平、身要直。女士走一字步（双脚走一条线，不可迈大步），男士行走时双脚跟走两条线，但两线尽可能靠近，步履可稍大，在地上的横距离 3cm 左右，双臂自然摆动，幅度为 30 ～ 40cm。走路时男士不要扭腰，女士不要摇晃臀部。行走时不可摇头晃脑，吹口哨，吃零食，不要左顾右盼，手插口袋或打响手指，不与他人手拉手、搂腰搭背，不奔跑、跳跃。因工作需要必须超越客人时，要礼貌致歉，说声“对不起”，同时注意：

①尽量靠右行，不走中间。

②与上级、客人相遇时，要点头示礼致意。

③与上级、客人同行至门前时，应主动开门让他们先行，不能自己抢先而行。

④引导上级、客人时，让客人、上级在自己的右侧。

⑤上楼时客人在前，下楼时客人在后，三人同行时，中间为上宾，在人行道上让女士走在内侧，以便使她们有安全感。

⑥客人迎面走来或上下楼时，要主动为客人让路。

行走的训练方法有直线行走、顶书行走、背一包特别物品行走等。

（3）就座时的姿态要端正，要领是：入座时要轻缓，上身要直，人体重心垂直向下，腰部挺起；双肩放松平放，体干与颈、髋、腿、脚正对前方，手自然放在双膝上，双膝并拢，目光平视，面带笑容，坐时不要把椅子坐满（服务人员应坐椅子的 2/3），但不可坐在边沿上，就座时切不可有以下几种姿势：

①坐在椅子上前俯后仰，摇腿跷脚。

②将脚跨在桌子或沙发扶手上或茶几上。

③在上级或客人面前双手抱着胸前，跷二郎腿或半睡半坐。

④趴在工作台上。

坐姿的训练方法为：上身挺直，反复入座、起立，双膝不能分开，用一张小纸条夹在双膝之间，不能掉下。

（4）手姿是最具表现力的一种体态语言。手姿要求规范适度，在给客人指引方向时，要把手臂伸直，手指自然并拢，手掌向上，以肘关节为轴，指向目标，同时眼睛要看着目标，并兼顾对方是否看到目标。在介绍或指示方向时，切忌用一只手指指点点。谈话时手势不宜过多，幅度不宜过大，否则会有画蛇添足之感。一般来说，手掌掌心向上的手势是虚心的、诚恳的。在介绍、引路、指示方向时，都应手心向上，上身稍前倾，以示尊敬。在递给客人东西时，应用双手恭敬地奉上，绝不能漫不经心地一扔，并忌以手指或笔尖直接指向某个目标或人。

（5）当客人走到面前时，应主动点头问好、打招呼，目光要看着客人面部，当客人离去时，身体应微微前倾，用敬语道别。

四、门店人员基础工作管理数据分析

作为管理者，应对基础工作进行管理数据分析。在出勤和纪律方面，应随时掌握员工的出勤和纪律情况，除了要记录以外，还要分析其缺勤的原因，并有针对性地提出或采取改善措施。

（1）可运用前面所说的数字化的工具统计汇总员工的出勤和纪律情况。

（2）针对员工的缺勤情况和纪律问题，统计分析缺勤和纪律的直接问题。

（3）针对员工中普遍存在的缺勤和纪律问题，调查分析其中的根本原因，如果是考勤和纪律制度存在问题，则完善考勤和纪律制度，调动员工的出勤积极性并促使其严格遵守纪律；如果是员工个人普遍存在的问题，则开展员工的教育与培训。

（4）针对个别员工缺勤和不遵守纪律较为严重的情况，则进行个别员工的沟通交流，了解其有无特殊的情况，从而有针对性地采取措施。

单元二 2 日常营业管理

案例导入

不受顾客欢迎的四种店员

第一种：形影不离式，走哪跟哪

顾客一进店里，店员就尾随其后，询问顾客“您想要看点什么？”“您想要什么价位的？”等，黏住顾客不放，顾客向前走一步，立马就紧跟一步。

或者像防贼一样，店员眼睛紧盯着顾客的一举一动，硬生生地跟着顾客转一圈，直到把顾客跟到门口，然后立即说一句“您慢走”就结束了。

这样的店铺，顾客会再次光顾的可能性就会很小了，即便过了一段时间想再次进店看看，也会抱有一定的心理压力，不能够特别专注地去挑选商品。

第二种：漠不关心式，爱理不理

顾客进店，店员却忙着整理产品或货架，或者低头玩儿手机，或者看见顾客进店，迎宾过后，继续忙自己的事情，不用余光和眼睛观察进店顾客的一举一动。

等到顾客真的想要店员帮助时，却看见店员在埋头苦干，头也不抬一下，甚至在顾客提出要找某件衣服时，店员还在忙着自己手里的事，这时候，需求没有那么强烈的顾客，很可能转转就走了，因为他没有得到及时的关注和帮助。

第三种：强拉进店式，拉住不放

有很多店员，恨不得拉着顾客的手，抱着顾客的腰，把顾客抢到自己的店面来。据调查，有接近 80% 的顾客一见“拉客”的店员就躲，绕反方向而行；还有 20% 的顾客被成功地拉到店面，但逗留的时间平均不超过 30 秒，就急急地走出去了。

调查显示，这样的顾客会认为：“感觉是被强迫弄进来的，如果在这里买东西，感觉不自然，还是去别的地方购买感觉更舒服。”

第四种：强买强卖式，不买不行

顾客一要动产品，店员就告诫顾客或者卡片标注“非买勿动”。那么顾客当即就会退出去了，心里想：“不让我动，我怎么知道买不买啊？万一动了，你让我非买不可，我可怎么办？还是去其他地方买吧。”

这样的方式太过于死板苛刻，尤其是在人们都特别重视服务的时代，这样的服务态度无疑是自毁门路，自然就拉开了门店与顾客的距离。总之，顾客在门店购物时，既不喜欢没人理睬他受到冷落，也不喜欢被人紧盯受到监视。

店员导购在日常接待和服务顾客时，既要时刻保持积极、有活力有朝气的状态，还不能让顾客感受到有压力，要给顾客创造一个轻松随意自在的选购氛围。只有这样，才能让顾客对店铺产生好感，延长顾客在店的挑选和停留时间，提升成交率。

资料来源：顾客最讨厌的四种店员，看看你店里有没有？.（2020-09-30）［2021-05-10］. https://www.sohu.com/a/421726675_100040533.（有改编）

思考：

1. 顾客讨厌的员工类型有哪些？
2. 要想成为受顾客欢迎的员工，你认为该如何做？

一、工作标准和流程实施

门店工作人员是顾客直接的接触者，其工作质量的高低直接影响门店经营业绩。标准化的工作流程是连锁门店运营管理的基础，可有效提升员工的工作效率。员工的日常基础工作流程规范如下：

（一）营业前的准备

（1）提前 30 分钟到达门店，整理好个人仪表仪容。

（2）确定当天工作目标。

（3）清洁店面。

（4）整理货品及现场宣传品。

（5）准备好营业用品，如计算器、笔、发票、账本、礼品、促销品等。

（二）营业中的活动

作为门店工作人员，在营业活动中，要运用自身的知识和技能，尽可能周到、热情地提供优质的服务，促使顾客购买行为的发生，以达到良好的销售目的。

（1）建立良好的第一印象，在合适时机打招呼。

（2）介绍商品，找出顾客需要。

（3）掌握销售时机。

（4）处理顾客异议。

（5）促进顾客购买。

（6）道别，欢迎顾客下次光临。

知识拓展

如何化解顾客异议

导购员要根据顾客的需求，推荐合适的商品，顾客购买的不只是产品本身，还包括产品带来的利益。因此，在面对顾客异议时，导购员要准备相应的话术，及时解除顾客异议，促成购买。

1. 化解顾客异议的规范

（1）面对顾客提出的各种异议，导购员应秉持友好、诚恳的态度。

（2）处理异议要规范。

（3）事前做好准备。

（4）禁止与顾客争辩。

（5）给顾客留足面子。

（6）要从顾客的角度出发，表示理解他们考虑问题的立场和方法。当然，这并不意味着其完全赞同顾客的观点，但是，为了减小对立，首先要赢得顾客情感上的认同，如：

顾客："你们的价格真贵。"

导购员："是的，我们店的部分商品价格确实比较高，但我们店的商品的品质也绝对是一流的。"

顾客："你们食品的安全性怎样？"

导购员："我们所销售的商品全部通过了国家质量认证，只有通过检验的商品才能在门店销售，您可以放心选购，保证百分百安全。"

2. 顾客异议的处理技巧

在有些时候可采用"忽视法"：当顾客提出一些反对意见，但不是真的想要获得解决或讨论，这些意见和眼前的交易扯不上直接的关系时，导购员只要面带笑容地表示同意就好了。

"忽视法"常使用的话术包括：微笑点头表示"同意"或表示"您真幽默！""嗯！真是高见！"

（三）交接班及就餐

（1）中午及晚间就餐时间，应采用轮流就餐的方式，不得超过 30 分钟。

（2）接班人应提前 5 分钟到岗。

（3）交班人应推后 15 分钟下班，做好商品或钱款票据的交接工作。

（4）交接班双方在交班日记上签名，确认数量及钱款后，交班人下班。

（四）营业结束

（1）营业结束时，应认真做好当日销售报表，做好款账对齐。

（2）认真盘点货品数量，填好当天日记。

（3）清扫店面。

（4）总结一天的工作成果，检讨不足，拟订明日工作计划。

（5）安全巡视后，上锁下班。

直通职场

某门店店长每日工作流程见表 3－1。

表 3－1 某门店店长每日工作流程

阶段	时间	内容	备注
营业前	6:00	按营业时间提前 30 分钟开门，打开照明，签到。	签到表
	6:00 | 6:30	1. 打开 POS 机，登录内部信息系统，查看最新信息、公司政策、下发文件等，浏览指定报表并作分析，每日商品变价 / 回调检查，并更换标签。 2. 门店例行检查 （1）运营设备检查：检查门店设备运营是否正常，包括收银机、POS 机、电子秤、灯光、音响、恒温柜、冷风柜、冰柜、购物袋、音响设备、照明设备、空调（按设备管理规范要求进行），发现问题及时进行处理、汇报。 （2）陈列、卫生检查：检查各陈列道具、商品陈列是否整洁规范，通道是否畅通，门店卫生是否符合规范，发现问题应及时组织维护。	店长 / 导购
营业中	10:00 前	存储昨日营业款进入公司指定账户，存储金额必须要与实际营收金额相符，必须打印存款回执单。	店长
	不定时	1. 迎接顾客：轮流站在门店门口迎宾。 2. 接待顾客：做好销售服务，处理顾客投诉。 3. 记录各项数据。 （1）产品销售数据。 （2）如有需要，在促销表上记录赠品派发。 （3）如有需要，记录会员信息。 4. 卖场维护 （1）时刻整理店铺货架或商品、道具等陈列，按《陈列手册》标准进行维护；及时按需上货，遵循先进先出原则。 （2）维护门店形象，包括门店内外卫生维护，宣传资料、休息区桌椅清洁，规范摆放。	店长 / 导购
	13:00 | 13:30	门店例会，详细操作见例会流程及说明。	店长
	13:30 | 14:00	1. 收、验货 （1）仔细核对“销售开单”与实际到货的商品质量与数量是否一致并作记录，及时反馈配送中心及运营部。 （2）签收公司到货单。 （3）先把需要上货的商品进行补充，其余到货商品放入库存。 2. 按需进行保质期检查并造册	店长
	14:00 | 14:30	在淡场时组织门店训练，训练内容包括： （1）角色扮演练习，模拟销售中的情节提升销售能力。 （2）商品熟悉：提升对商品特色、卖点、推介话术的掌握程度，加强练习。	店长

续表

阶段	时间	内容	备注
营业中	14:30 | 15:00	根据排班表进行交接班，交接班工作参照《交接班表》，需查看交接班本，清点营业款 / 备用金。	店长 / 导购
	16:00	进行门店安全（消防）、卫生、陈列巡视，发现问题及时处理。	
	18:00	开启招牌灯 / 店内照明。	
营业后	20:30	盘点门店贵重商品。	
	21:00	核对账目，清点营业款，核收备用金，填写好当日营业报表，需及时申请补货的商品，上传门店日结数据。	
	21:30	进行门店卫生清洁。	
	21:45	关闭设备、电源（店外招牌灯除外），签退，闭店。	

二、工作督导和执行

门店工作人员每天在开市和闭市时，需要对自己所负责区域的商品、设备进行逐一检查，确保销售正常进行。

（一）门店商品管理要求

1. 干货

（1）调味品、酱菜、散装糖果、罐头食品、包装食品等，(其中散装食品保质期短，需用特殊专柜分类陈列）需包装过磅，注意防尘、防潮和霉变。

（2）一些易损坏商品用货架陈列，防止摔碰，包装破损。

（3）遵循先出先进的原则，注意商品保质期限，过期食品不得存柜销售。

2. 冷冻冷藏食品

（1）面食，包括面条、馒头、饺子、元宵等。其中元宵、饺子属于冷冻食品，须在低温冷藏柜内保存，保质期相对较长；面条、馒头等属于保鲜食品，保质期相对较短。

（2）奶制品，包括鲜奶、奶油、酸牛奶等，均需保存在温度为 0℃～ 10℃保鲜柜内。

（3）豆制品，包括鲜豆腐、豆腐干、油豆腐、豆浆、豆腐花等，一般鲜豆腐、豆腐花、豆浆保质期较短，需存放在保鲜柜内，鲜豆腐只限当天出售，不能隔夜。

（4）蛋类，包括鲜蛋、皮蛋、咸蛋、熟蛋等，上柜前需用清洁、干燥、无吸湿性的包装材料包装，包装时不宜太紧，内部空气要流通，鲜蛋应排列整齐，蛋的大头向上。包装后的蛋品应存放在保鲜柜内。

（5）各类配菜制品必须经过包装方可存放在保鲜柜内。

3. 饮料饮品、烟酒

这类食品指饮料、啤酒、水、香烟等。其要求如下：

（1）饮料、啤酒、矿泉水等具有一定的季节性，夏季使用冰柜冷冻陈列。

（2）防止碰撞、摔裂，香烟注意防潮和防发霉。

（3）按先进先出的原则，定期检查商品保质期限。

（二）门店常规设备管理要求

1. 储存室冷藏机

（1）所有储存室的商品上面都需注明收货日期。

（2）冷藏机的一侧全部摆放当天收到的果蔬，另一侧的果蔬按先进先出的原则顺序摆放。

2. 展示框

（1）正确地按日期先后摆放，是控制果蔬质量的关键。

（2）规定一天检查展示柜的次数，需将变质商品及时撤出。

（三）门店的卫生标准

（1）必须 100% 遵循商店所设立的卫生标准。

（2）每个人都应按照正确的衣着规定穿制服。

（3）保持工作区域清洁、宽敞。

（四）工作督导和执行流程

1. 开市前准备工作

（1）员工准时到店、打卡，换好整洁工装，佩带工牌进入早会指定地点。

（2）召开早会，进行信息分享，鼓舞员工士气。

（3）补充货品，根据前日销售情况，把货架商品补充完整，让货架整洁、美观。

（4）检查商品价格的正确性。做到货签对应，价格相符。

（5）进行卫生区域整理。

2. 闭市后收尾工作

（1）整理货架商品，对空位、缺货的商品做好补充。

（2）检查商品价格标签，确保货价对应，正确无误。

（3）检查商品的销售情况，做销售记录。

（4）准备明日促销商品。

（5）整理销售区域和库房卫生。

（6）检查库存商品情况。

（7）检查、回顾未尽事宜。没有做完的工作应记录下来，能当日解决的要实行日落原则；如不能，应把这些工作放在第二天作为重点工作来完成。

（8）召开晚会。总结当日工作，分享信息，鼓舞员工士气。

知识拓展

某门店店务工作督导表见表 3－2。

表 3－2　某门店店务工作督导表

序号	执行	工作项目	完成情况（完成√未完成 ×）	
1	每日	清洁手部，整理服装仪容		
2	每日	检查小票库存量、音乐音量、机台温度		
3	每日	清点备用金，对重点商品进行点数		
4	每日	对即食商品陈列量进行检查及补货，清洁即食机台		
5	每日	检查面包、甜品保质期		
6	每日	检查鲜食品保质期		
7	每日	检查冷藏饮品保质期		
8	每日	清洁店内外地板（扫地、拖地）		
9	每日	清洁与倾倒垃圾桶		
10	每日	清洁卫生间		
11	每日	清洁擦拭橱窗玻璃		
12	每日	清洁擦拭冰箱玻璃		
13	每日	清洁整理雨伞架		
14	每日	整理柜台区下方空间		
15	每日	清洁收银区域（收款机、柜台桌面清洁）		
16	每日	清洁柜台后方酒架		
17	每日	整理上架来货，清洁与整理休息区		
18	每日	商品巡补货与排面整理		
执行者签名：				
店长签名：				

三、工作标准执行及其修正

为了确保每日工作目标能如期完成，不断提升门店利润，在门店日常管理中需针对商品管理、人员管理、安全管理三个方面的工作标准严格执行并进行不断修正，其大致要求如下：

（一）商品管理

1. 收货管理

（1）检查包装或标签破损、折裂、污染等问题。

（2）检查液体商品有无渗漏问题。

（3）检查商品有无其他质量问题。

2. 陈列存放管理

（1）入口处要摆放富有色彩感、季节感、购买频率高的商品。

（2）店内深处摆放具有吸引力的、购买频率高的商品。

（3）商品摆放要充分考虑到购物的顺序。

（4）收银台要设在出口附近。

（5）通道要有足够的宽度。

（6）整体布局应当一目了然，不存死角。

（7）从门店实际出发，力求突出主题。

3. 商品库存管理

（1）门店应统计分析以往的销售数据，统计出各类商品在门店中的销售占比，从而调整库存，进行进、调货的操作。

（2）对畅销产品应合理预备库存量。

（3）及时盘点货架及仓库库存，避免丢失。

（4）对活动商品及店内特价商品要合计储备库存，及时补货、保证店内销售。

（5）对于原包装已经损坏的商品，在验货时要及时处理；如发现损坏，应及时通知业务员。

（6）返厂商品及残次品需有店长签字确认，如与退单数量不符应与配送人员复核确认并及时通知业务员。

（二）人员管理

1. 人员管理的重点

（1）尊重下属的独立人格。

（2）帮助下属尽快掌握业务知识和基本操作技能，提高工作效率。

（3）了解下属个性特点，发挥个人所长。

（4）公平对人、对事。

（5）发挥每个员工的潜能和工作热情。

2. 考勤与排班管理

（1）排班要合理，需根据人员数量和营业时间安排人员的班次，填写排班表（周排

直通职场

某门店交接班流程

或月排）。可根据营业时间分二班或三班，在客流多的周六、日适当延长各班次的当班时间。

（2）在正常情况下，员工每周要有适当的休息时间。

（3）交接班时，交班人员需填写好交接班记录本，记录调补货情况；交接班有顾客时，应先接待顾客，再进行交接班；要依据销售库存清点货品；交接双方在记录本上签字确认。

（4）有效运用代班人员。在销售旺季、节假日有促销活动时，可向公司申请增加临时代班人员；临时代班人员也要安排班次明确工作内容和职责。

（5）对短期内有特殊困难的员工，在遵守考勤制度的原则下，可在排班、加班方面给予适当的照顾。要合理解决内部纠纷，改善人际关系。

3. 员工的培训与辅导

（1）使员工尽快熟悉工作场所。

（2）使员工了解工作程序和操作方法，主要包括日常工作步骤、报表的填写和报传程序，即报传单位、报传时间、清货、退货、调货程序、货品陈列方式、产品知识培训等。

（3）使员工融入集体，共同学习进步。

4. 绩效考评与激励

（1）绩效考评项目包括销售任务评估、每位员工任务完成情况、销售数量、损耗率、退货率、顾客退货和投诉。

（2）员工工作能力考评。

（3）员工的激励方法有提成奖励、物质奖励、奖励公告等。

（三）安全管理

有关安全管理的要求如下：

（1）自觉遵守各项安全制度和操作规范，努力学习安全知识，提高自身的安全意识和安全事故的处理能力。

（2）发现问题及时汇报，并有权制止任何违反安全规章制度的行为。

（3）坚持每日营业前、营业后的安全检查，发现问题及时解决。对解决不了的隐患必须当日上报店长，并设置专项安全检查记录本，做到有记录可查。

（4）发现安全事故后积极补救，并及时报警，协助领导调查起因，提供情况要实事求是，不隐瞒事实真相。

（5）每日结束营业后，要对门店进行安全检查，切断电源，关闭门窗，废纸随时清理，不在室内存放易燃物品。

（6）不以任何理由损坏消防栓等各种安全设备，要定期检查、更换消防器材。

直通职场

对于顾客损毁商品的处理规范参见表 3－3。

表 3-3 顾客损毁商品的处理规范

项目	处理规范
事前预防	(1)门店的样机可供顾客体验，但是销售人员可与顾客保持一定的距离，在不让顾客反感的同时，随时观察到顾客的行为，对于一些可能导致样机受损的行为予以及时制止或者向顾客提供正确的操作指导。 (2)如果有顾客带孩子购物，应提醒小朋友尽量不要打闹，以免造成意外或弄坏商品。 (3)对于易碎易坏的商品应注明"小心轻放""轻拿轻放"等字样。 (4)严禁酗酒者进入，对恣意生事者应小心防备。
事中处置	(1)如果因为顾客的无意行为造成商品损毁，首先委婉地要求顾客留下，将顾客引离销售区，不要影响门店的正常运作。 (2)在顾客的见证下，检查商品的损毁情况。 (3)根据商品的损毁情况，向顾客讲明商品的价格(应拿出该商品的价格签)，协商赔付金额。如果是能修理好的商品，可要求顾客买下，可按优惠价进行一定的折扣处理。 (4)如果是故意捣乱的顾客，对其破坏行为应立即制止，并拨打 110 报警。应阻止员工和顾客围观，以免影响门店营业。 (5)状况处理过程中，店长或者值班店长应在场。
事后处理	(1)检查事前预防的各项措施是否有漏洞出现，并予改善。 (2)将个别案例做成报告，以便加强员工训练。

四、工作业绩分析与总结

(一)店面经营分析与总结

门店运营的分析工作是店面运营管理的一个主要内容，从海量的销售记录里可以发现商品的结构、畅销程度、顾客的消费规律等，以此可以为门店的商品管理、促销管理提供第一手的研究资料，具体分析可从以下几个层面展开：

1. 销售统计

根据每日、每周、每月的销售流水记录，包括门店号、销售时间、销售金额、销售折扣和会员卡号等基本字段，统计出每日、每周、每月的交易笔数、最高交易额、最低交易额、销售额总计、客单价等基本数据。

2. 客单价

客单价可以为促销活动的开展提供数据支撑，顾客一般愿意花比自己承受能力稍微高一点的价格进行消费。例如通过分析，发现门店的客单价水平在 70 元～ 80 元，那么门店在制定促销政策的时候，可将促销商品的价格区间定为 80 元～ 90 元，或者采用买送活动，以促进销售，提高利润。

另外，依据客单价可以调整商品结构，可以在采购环节有意识地把商品价格的多少和比例规划好。

3. 消费群组

根据销售流水统计，可以划分消费群组，例如，20 元以下的为一个群组，20 元～ 40 元的为一个群组，40 元～ 60 元的为一个群组。也可以根据市场情况和门店的商品情况进行价格区间的划分，以此来分析门店的消费构成。此分析可为促销政策的制定提供价格区间支撑。

（二）商品分析与总结

1. 商品销售品类

根据销售流水统计，可以对每个区位的商品销售情况做单独的分析，得出在门店的销售额当中，每个区位的占比情况。依据占比情况，就可以对商品的销售政策、商品的陈列、折扣力度等进行调整。另外可对每个区位的产品进行分类，可以了解各区位哪些产品是主打产品，哪些产品是滞销产品，以便选择陈列商品和处理退换货。

2. 商品库存

连锁企业总部应依据商品的价格构成对每个门店的库存情况进行分析，根据门店库存明细可以了解每个区位的商品在库存中的比重，每个品类在仓库的停留时间，依此可以进行降价促销或退换货处理。

（三）顾客行为分析与总结

各门店要对会员进行行为分析，了解顾客的光顾频次、消费喜好和历史消费价位，结合门店的促销政策和商品的情况进行针对性营销。

1. 老会员维护办法

（1）店员需记住接待三次以上的会员的姓或名并主动进行自我介绍，争取将其发展成为高黏度的老会员。

（2）门店员工将自己发展的会员资料填入《熟客档案登记表》，一人一张表格，对其每一次的上门消费均需做记录。

（3）门店应妥善保管表格，人员变动时应做好移交工作。

（4）根据老会员的消费记录，出现新货上柜、重大节日，熟客消费频率、金额下滑等情况时需进行回访，并做好回访记录。

（5）以人文关怀为主，问候客户，询问近况，如身体、生活、精神状态、工作、美容、美发、减肥、亲人朋友等会员比较关心的事情。

直通职场

某内衣店熟客（老会员）档案登记表

2. 新会员维护办法

（1）每周统计上周新增会员，根据新会员购买商品一周内维护的原则，安排本周需要维护的新增会员，核实会员信息，告之会员权益。

（2）电话回访时询问会员所购买商品的使用情况，有何意见和建议，并推荐合适的其他产品。

3. 流失会员维护办法

（1）每月统计 6 个月内没有来消费的会员，核查此类会员是否有投诉记录或其他特殊事项，确定电话回访时间和方式。

（2）询问会员长期不来消费的原因，如质量问题、服务问题、居住或工作地址迁移、异地购买、出差在外、工作繁忙、没时间等，并做综合分析，做好跟踪服务记录，并制定挽回措施。

（3）对于流失会员可在其生日、节日，或有新款上市、促销活动时进行电话或短信回访，或赠送小礼品，争取将其挽回。

直通职场

某门店顾客维护电话回访规范

单元三

3

顾客投诉管理

案例导入

某日，一位女顾客在某超市豆制品柜台购买一杯绿豆浆，由于当时没有绿豆浆，柜台的售货员便劝说顾客换其他品种，顾客不愿意，售货员便在嘴里小声嘀咕了一声：“有病！”结果被顾客听到了，顿时大闹起来，高声喊着要去投诉售货员，引起商场的一片混乱。

资料来源：连锁超市顾客服务与投诉处理 .（2012-02-09）[2021-05-10] . https://www.docin.com/p|338376345.html.

思考：

1. 顾客为什么会投诉？
2. 我们应如何看待顾客的投诉？

一、顾客投诉及顾客投诉心理分析

（一）顾客投诉

顾客投诉，指顾客对企业产品质量或服务产生不满意，从而提出书面或口头上的异议、抗议、索赔和要求解决问题等行为。产生顾客投诉的根源是不愉快的购物体验。这种不愉快来自顾客心理的落差，也就是顾客所期望的价值与顾客所感知的对于商品或服务的价值之间的落差。假若这种心理落差未得到有效控制和补偿，那么顾客就会把这种感受转变成抱怨的行为，甚至产生投诉。

从顾客角度来看，买到质量不佳的商品或是对企业提供的服务不满意时，都可能对顾客的心理和生理造成伤害。因为投诉而造成的时间上的浪费无法衡量。

从企业角度来看，可能会因为顾客投诉的产生，而降低顾客对企业的信心，情况严重者，还可能影响企业的形象和信誉，甚至会给企业的销售和利润带来很大的负面影响。

顾客投诉是每一个企业都会遇到的问题，它是顾客对企业管理和服务不满的表达方式，其实也是企业有价值的信息来源，它甚至可为企业创造许多机会。因此，如何利用处理顾客投诉的时机而赢得顾客的信任，把顾客的不满转化成顾客满意，锁定他们对企业和产品的忠诚，获得竞争优势，已成为企业营销实践的重要内容之一。

知识拓展

据 TARPI 研究得出客户投诉和处理情况的相关数据，见表 3－4。

表 3－4　客户投诉和处理情况

客户投诉和处理情况	重购率	离开率
不满意，但没有投诉	9%～37%	91%～63%
提出投诉，但没有得到处理	19%～46%	81%～54%
提出投诉，问题获得解决	54%～70%	46%～30%
提出投诉，问题得到迅速解决	82%～95%	18%～5%

（二）顾客投诉心理分析

1. 求发泄的心理

顾客遇到不满而投诉，一个最基本的需求是想将不满传递给门店，把自己的怨气发泄出来，这样顾客不愉快的心情会得到释放和缓解，恢复心理上的平衡。因此工作人员在面对顾客投诉时切忌使用“不可能，我们从来没有出现过这类问题”“这不是我们的问题，你找厂家去”等类似话语。

2. 求尊重的心理

所有顾客来投诉都是认为他的投诉是绝对正确的，是有道理的，他们希望通过投诉获得关注和对他所遇到问题的重视，所以他们希望得到尊重，得到明确的道歉以及立即得到相关处理措施。此时应避免使用“我说不行就是不行”“你去哪里投诉都是一样的结果”“别人用了都没有问题，就你用了有问题”等类似话语。

3. 求补偿的心理

顾客投诉的目的在于寻求补偿，因为顾客觉得自己的权益受到了损害。补偿包括财产上的和精神上的。因此顾客在基于求补偿的心态下，如果听到工作人员“你也没损失什么”“您的损失不可能由我们来承担”等类似的话语时，很有可能会被激怒，让事情变得复杂化。

实例分享

某日，某商场接到一起顾客投诉，称其一周前在商场购买的“嘉应子”糖果出现了发霉的现象。负责受理投诉的工作人员对被投诉商品的剩余部分进行拆包检查，确实发现存在发霉现象。当时，商场的工作人员未对此作出任何补救措施，没有立即将商品作换货或退货处理，而是要求顾客将发霉商品留下，待拿去技术监督局进行鉴定，证实确属质量问题后再作处理。顾客对此处理方式表示极为不满，要求商场对其进行赔礼道歉并进行一定金额的赔偿。

资料来源：顾客投诉案例 .（2015-08-01）[2021-05-10] . https://wenku.baidu.com/view/eefa48b910661ed9ac51f361.html.

二、顾客投诉的类型和方式

（一）顾客投诉的类型

1. 对商品的投诉

顾客对商品的投诉主要包括对商品质量、商品价格、商品标志以及其他方面的投诉。

（1）商品质量。例如，生鲜商品出现味道、颜色及质感的不新鲜；包装食品出现异物、长虫、霉变；商品出现零部件不齐全或有瑕疵；商品包装破损或商品已过保质期等。

（2）商品价格。例如，顾客发现虚假折扣、虚标原价；商品结账价格与商品所标价格不一致等。

（3）商品标志。例如，商品价格标签模糊不清；同一个商品上出现多个价格标签；进口商品无中文说明；商品外包装上的说明不清楚，没有生产日期等。

2. 对服务的投诉

顾客对服务的投诉主要表现在以下方面：

（1）工作人员服务态度不佳。例如，工作人员不理会顾客的询问要求；说话没有礼貌；在服务的过程中表现出不耐烦、敷衍、出言不逊，甚至冷嘲热讽等情况。

（2）服务作业不当。例如，收银人员结算错误，多收钱款或少找钱给顾客；包装作业失当，致使商品损坏；入袋不完全，遗漏顾客的商品；顾客寄存物品遗失；上门送货太迟或送错地址；工作人员未能及时妥善解决顾客的投诉意见等。

（3）服务项目欠缺。例如，门店不能满足顾客提出的送货上门服务、换钱服务；洗手间不能外借；卫生间没有专设残疾人位置；商品退换条件苛刻、手续烦琐等。

（4）取消原本提供的服务项目。例如，取消儿童托管站、母婴关爱室；取消人工收银台；取消特价商品的销售等。

3. 对安全和环境的投诉

（1）购物环境。例如，地板太滑，导致老人或小孩摔跤；顾客财物被窃；电梯发生故障；噪声太大；灯光太暗；存包处太少；没有试衣间等。

（2）安全管理。例如，顾客在购物时，因为门店在安全管理上的不当，造成顾客的意外伤害或死亡。

知识拓展

根据全国消协组织受理投诉情况统计，2020 年上半年全国消协组织共受理消费者投诉 561 522 件，解决 437 988 件，投诉解决率 78%，为消费者挽回经济损失

79 793 万元。其中，因经营者有欺诈行为得到加倍赔偿的投诉 1 403 件，加倍赔偿金额 415 万元。各级消协组织接待消费者来访和咨询 65 万余人次。

根据投诉性质分类，在所有投诉问题中，售后服务投诉 155 004 件，占投诉总量的 27.6%；合同投诉 140 182 件，占投诉总量的 25.0%；质量投诉 119 068 件，占比 21.2%；价格投诉 57 952 件，占比 10.3%；虚假宣传投诉 26 065 件，占比 4.6%；安全投诉 18 412 件，占比 3.3%；假冒投诉 7 266 件，占比 1.3%；人格尊严投诉 6 001 件，占比 1.1%；计量投诉 4 390 件，占比 0.8%；其他投诉 27 182 件，占比 4.8%。售后服务问题、合同问题和产品质量问题仍是引发投诉的主要原因，占投诉总量的 70% 以上。

资料来源：中国消费者协会：2020 年上半年全国消协组织受理投诉情况分析 .（2020-08-05）[2021-05-10]. https://tech.sina.com.cn/roll/2020|08|05/doc|iivhvpwx9424269.shtml.

（二）顾客投诉的方式

1. 电话投诉

电话投诉是顾客常选用的投诉方式之一。对于这类投诉，工作人员在接听电话时应注意说话的方式，声音、音调等，要有礼貌，要仔细倾听顾客的抱怨，对投诉事件的基本信息做详细的记录。如有可能，应把顾客投诉电话的内容进行录音，尤其是顾客投诉情况比较特殊或涉及纠纷的事件，这不仅在将来需要证据时可用上，而且可以作为提升工作人员的应对技巧、进行岗前培训的资料。

2. 书信投诉

书信投诉属于较理性的投诉方式。门店收到顾客的投诉信时，应立即转送负责人并由负责人制定该投诉的处理方案，同时应立即联系顾客，告知已经收到其投诉信函，并表现对该投诉意见的重视和认真解决此问题的意愿，同时与顾客保持日后的沟通和联系。

3. 当面投诉

当面投诉最常见，一般顾客在门店购买商品或服务后，一旦发现商品或服务有问题，就会立即向负责人进行投诉。对于顾客的当面投诉，工作人员应先安抚好顾客的情绪，认真聆听顾客的抱怨，态度诚恳，尽可能迅速解决，避免时间过长，使事情进一步恶化。处理投诉时，应尽可能将顾客请到办公室进行协商，以免影响其他顾客。

4. 网络投诉

如果发现有顾客进行网络投诉，工作人员应第一时间向负责人进行汇报，并立即处理，并将处理结果在网上进行公布，这样不但可以显示门店处理投诉的及时性和有效性，也体现出门店对处理投诉的诚恳态度和认真解决问题的意愿。

实例分享

一天，一位顾客拿着一双运动鞋到柜台气势汹汹地对柜台营业员说：“你们的鞋子有质量问题，穿得我脚都痛死了，我要退货！”营业员看到她这个脾气，看都没看那双鞋就说“我们是世界名牌，任何一双鞋子都是有质量检验报告的，怎么会有质量问题呢，是你的脚的原因吧？”顾客听后非常生气，说“你给不给我处理？不给我处理你今天就不要做生意了！”营业员没办法，只好打电话给主管，主管同意退五折的差价并做维修处理。顾客却不同意，一直在柜台争吵。

资料来源：百货商场客诉案例分析和处理技巧 .（2019-01-03）[2021-05-10]. https://max.book118.com/html/2019/0102/8137033022001143.shtml.

三、顾客投诉的处理原则和流程

门店中的任何人员，不论是基层员工还是管理人员，不管在门店中有无处理顾客投诉的权力，在接到顾客投诉意见时，都应认真对待，慎重处理，并将其看成改进门店工作为顾客提供服务的机会。

（一）顾客投诉的处理原则

1. 有章可循，防患未然

要有专门的制度和人员来管理顾客投诉问题。要做好各种预防工作，将顾客投诉防患于未然。为此需要经常不断地提高全体员工的素质和业务能力，树立全心全意为顾客服务的思想。

2. 迅速反应及时处理

对于顾客投诉，各部门应通力合作，迅速做出反应，力争在最短时间内全面解决问题，给顾客一个圆满的结果。拖延、逃避或推卸责任，会进一步激怒投诉者，使事情进一步复杂化。

3. 认真倾听，绝不与顾客争辩

在处理顾客投诉事件时，工作人员要认真、耐心、冷静地聆听顾客的不满和抱怨，不要轻易打断顾客的陈述，绝对不要急于辩解或反驳，不要与顾客争强好胜，即使是不合理的投诉，也应做到有礼、有理、有节，既要尊重顾客，不让顾客丢面子，又要做出恰如其分的处理。

4. 分清责任

不仅要分清造成顾客投诉的责任部门和责任人，而且需要明确处理投诉的各部门、各类人员的具体责任与权限，以及顾客投诉得不到及时、圆满解决时的责任。

5. 维护企业应有的利益

处理顾客投诉时不可损害门店的利益，尤其是对于一些复杂问题，切忌在没有查明真相之前，急于表态或当面贬低部门和员工。除非顾客物品、财产因门店原因导致遗失或损失，否则退款或减少收费等方法绝不是处理投诉、解决问题的最佳方法。发生投诉事件时，应通过相关渠道了解事情来龙去脉，弄清事实，在清楚真相后，再诚恳道歉并给予恰当处理。

6. 留档分析、总结经验

对每一起顾客投诉及其处理要做出详细的记录，包括投诉内容、处理过程、处理结果、客户满意程度等。通过记录，吸取教训，总结经验，为以后更好地处理顾客投诉提供参考。

实例分享

关于某品牌炉具燃爆引发的顾客投诉

在某商场，顾客华某购买了一台价值 1 100 多元的某品牌双盘式煤气炉。不久后的某日，华某母亲在厨房做饭时煤气炉发生了爆炸，炉具表面的玻璃钢全部炸裂，喷出的火焰不仅烧伤了华母的头发、脸面，而且全身多处也有大面积烧伤（当时是夏天，华母身穿遇火易燃的薄丝面料衣服）。事故发生后，华某马上把母亲送入医院，并让家人用照相机、摄影机对事故现场进行了拍摄，随后华某打电话到该商场顾客服务中心投诉，要求该商场对事故的发生做出合理解释并对患者予以 20 万元的经济赔偿。

该商场顾客服务中心接到投诉电话后，马上与炉具的厂家取得联系，迅速协同厂家代表去医院看望，与此同时又立刻通知市质量检查监督部门、厂家技术部门前往出事地点进行现场鉴定与调查。

在医院，该商场负责处理此事故的工作人员一边安抚患者家属，一边通过患者的口述对事故的整个过程进行了全面详细的了解，并做了笔录，并且让患者家属确认后在笔录上签了字。与此同时，市质量检查监督局及厂家的技术人员对火灾现场也进行了检查与鉴定，并由市质量检查监督局出具了有效的质检报告，在报告中对引发事故的责任做了明确的划分。通过质检报告得知：由该商场销售的价值 1 100 多元的该品牌煤气炉并无质量问题，引发该起事故的主要原因是由于顾客华某的母亲在使用炉具前没有仔细查看该产品的使用说明书，操作时使用不当造成的。事发当天，华母用该品牌煤气炉烧开水时，因当时煮沸的开水温度过高而在取壶时将壶整个打翻，壶里的开水大量地泼洒到正在燃烧的左侧炉面和右侧的未打开的炉面上，由于左、右侧炉面一个处于开启状态，一个处于冷却状态，在大量开水喷溅时造成煤气炉里面受热温度不均匀而引发了爆炸。

由于该商场工作人员及时通知相关质量检查部门对事故现场进行了检查鉴定，并对鉴定结果出具了有效的质检报告，明确了该事故并非产品质量问题，因此对华某提出的 20 万元的赔偿商场方可以不予接受。出于对消费者的慰问和人道主义的关怀与帮助，经该商场和厂家最后协商决定，由厂家提供 3 000 元的慰问金（但需声明不是赔偿金）给予患者及其家属协助治病。

面对这一突发的顾客投诉事件的处理，该商场负责此事件的处理人在紧急的情况下进行了迅速而冷静的处理，具体步骤如下：

（1）接到顾客投诉电话后保持冷静，先聆听事情的经过，倾听完毕马上打电话通知厂家与商场相关负责人去医院探望病人，做好病人家属的安抚工作，避免事情传播扩大而造成负面影响。

（2）待患者家属情绪稍趋平稳后，请病人家属出示在商场购买该商品的电脑小票及销售小票，核实确认患者使用的产品确系该商场出售的商品。

（3）迅速通知当地权威质量检查监督部门和厂家技术部门去事故现场进行实地考察鉴定，了解事发原因。

（4）在医院探望病人的过程中听取事故现场目击者（病人）对事故发生的详细讲解并及时做好笔录，记录完毕后请患者家属确认并亲自签字。

（5）及时听取质量检查部门的现场鉴定反馈，迅速了解事故原因，并让质量检查部门在现场检测后出具有效的质检报告，明确事故责任人。

（6）根据事情的轻重缓急，与厂家协商达成共识给予消费者一定的慰问金。

资料来源：关于某品牌炉具燃爆引发的顾客投诉（处理顾客投诉的成功案例）.（2007-04-18）[2021-05-10]. http://blog.sina.com.cn/s/blog_4cc16e5b0100085y.html.

（二）顾客投诉的处理流程

为了让门店的工作人员能以公正且一致的态度对待所有顾客的投诉，也为了提高顾客投诉意见的处理效率，门店可以归纳出处理投诉时的基本流程，根据顾客投诉的方式与类型整理编制成手册，并将其可以作为日后员工培训的资料。

1. 第一步：控制情绪，有效倾听

当顾客对门店的工作人员表达不满和抱怨时，在言语和态度上往往会带有一定的情绪，甚至有非理性的行为。所以面对情绪激动的顾客，工作人员首先要做的就是控制好自己的情绪，保持心平气和，用和善的态度请顾客说明事情的原委。工作人员通过倾听可以准确了解事情的每一个细节，确认问题的关键所在，并将问题的重点进行书面记录。工作人员在处理投诉的时候，可以问一个开放式的问题："您能详细跟我说一下刚才发生的事情吗？"目的就是让顾客充分地倾诉其不满，体现出工作人员对顾客的重视和尊重。

2. 第二步：换位思考，理解同情

在顾客将事情原委全部述说清楚之后，应用同情心来回应对方，也就是站在顾客的立场，理解顾客因不满所表现出来的失望、愤怒、沮丧甚至痛苦。在投诉处理中，工作人员如果真诚地表达出对顾客的同理心，就会让顾客感觉到对方是有诚意为他解决问题的。在实际工作中，一句体贴、温暖的话，往往能化干戈为玉帛。例如，工作人员可以说："这样的事情发生在谁的身上都会着急的，我非常能理解您的心情。"

3. 第三步：巧妙道歉，平息不满

在顾客投诉发生的开始阶段就将其平息，往往能起到事半功倍的效果。巧妙的道歉是平息顾客不满的一个好办法。不论引起顾客抱怨的责任是否在于门店，如果能够诚心地向顾客道歉，并感谢顾客提出问题，都会让顾客觉得自己受到了尊重。工作人员可以用"很抱歉我们给您带来了麻烦""对不起，是我们的过失""是的，您完全有权利向我们提出意见，请您坐下来慢慢说，不要急"等话语来稳定顾客的情绪，平息顾客的不

满，最后再谈投诉之事，这样问题就比较容易解决。

4. 第四步：调查分析，立即处理

在了解顾客投诉的原因之后，除了要调查被投诉的情况是否属实之外，还应当尽早了解顾客的希望和店员的一些看法，然后在不损害门店利益和顾客利益的前提下提出切实可行的解决方案。在提出解决方案时，必须考虑以下几点：

（1）掌握问题的重点，分析投诉事件的严重性。例如，顾客投诉在买到的食物中发现有异物时，工作人员必须先确认此食品是已经对顾客造成了身体上的伤害还是仅仅刚刚发现而已。如果顾客希望门店赔偿，工作人员就必须确认顾客所希望的赔偿方式是什么。

（2）明确责任归属。有时候造成顾客投诉的责任并不属于门店，可能是由供应商或顾客本人造成的。责任归属不同，解决问题的方式也就不一样。例如，顾客投诉购买到的是过期商品，那么门店必须承担所有责任。如果顾客投诉购买的电器发生故障，则就应了解顾客是否按照说明书正常操作，在排除人为因素的情况下，可联系供应商一同处理，并随时为顾客提供协助并保持联络，以表示关心。

（3）参照门店既定的投诉处理政策。一般连锁企业门店对于顾客投诉都会有相关的处理政策，工作人员在提出解决方案时，需要先考虑门店的既定方针。有些事件只要按照政策马上处理即可，如退换货的处理等；如果无法照章处理，就必须在既有政策的基础上进行变通，找到双方皆满意的解决方案。

（4）明确处理者的权限。有些顾客投诉可以由工作人员立即处理，有些则必须请管理人员协助，门店应对各级人员处理投诉的权限进行规定。如果受理投诉的工作人员无法为顾客解决问题，就必须尽快移交相关工作人员或者找到具有解决权的人员，由其来处理。

（5）让顾客同意解决方案。工作人员提出任何解决方案时，都必须诚恳地与顾客沟通，并获得对方的同意，如顾客对解决方案不满意，就必须确认对方的需求，以便做出进一步修正。在与顾客商定解决方案的过程中，门店工作人员应让顾客充分了解到处理人员解决问题的诚意和所付出的努力。

5. 第五步：执行方案，再次道歉

当双方就解决方案达成共识后，门店就要迅速采取措施，立即执行方案，不能拖延。如果在自己的权限之内，执行应迅速利落，务必使顾客满意，以便重新获得顾客对门店的信任；如果不能当场解决，或是自己无权单独决定时，则应明确告诉顾客具体的原因、处理的过程和手续，并告诉顾客处理时间的长短、相关工作人员的联系方式等，也可以请顾客留下联系方式，工作人员会及时向顾客反馈事情进展情况等。

6. 第六步：深刻检讨，总结经验

每次处理完顾客的投诉意见后，都要对该事件的原因、经过、后果及处理方式、结果等做详细的记录并存档，还要组织相关工作人员对出现的问题进行检查和讨论。在检讨时应注意以下两个问题：

（1）许多投诉都是可以事先预防的，一旦发现某些投诉经常发生，且具有普遍性，就必须进行调查，追查问题的根源，以改进现有作业或者明确处理办法，杜绝此类投诉事件再次发生。

（2）对于偶然发生或特殊情况下的投诉意见，门店也应明确制定处理政策，以作为工作人员遇到类似事件时的处理依据。

实例分享

为庆祝节假日，某商场推出一系列活动，其中一项是“凡在我商场一次性购买70元以上商品的顾客，均可免费办理积分卡，限时一天”。当天办理积分卡的人特别多，时近中午，前台接待处来了一位女士，将手中的两大包商品扔到前台柜面上，非常生气地要求退货。“请问，您对我们的商品有什么不满吗？”接待人员耐心地询问道。“没有！不过这些东西我不想要了，只是听你们广播说今天可以办理积分卡，所以才买了这么多凑数，可你们的办理人员又说必须要身份证，我出来买东西还要带身份证吗？退！退！退！我不要了！”顾客不耐烦地说道。

资料来源：范征．连锁企业门店营运管理：第2版［M］．北京：电子工业出版社，2013.

四、顾客投诉的预案设计

顾客对商家的产品质量、服务态度等各方面产生疑问并进行投诉，是维护自身合法权益的一种方式，也是社会进步的表现，这样能促使企业不断提高产品质量和服务水平。为更好地开展工作，门店可做以下顾客投诉预案设计。

（一）记录投诉内容

门店工作人员在“客诉登记表”上详细记录顾客投诉的全部内容，例如，投诉人姓名、电话、购买时间地点、购买产品（服务）、投诉原因和要求等。

（二）判断投诉是否成立

在了解顾客投诉内容后，要对顾客投诉内容的性质进行判断，初步确定投诉要求是否合理。如果投诉无理无据，可采用以下方式处理：

（1）重点以倾听安抚为主，认可理解对方的不满。

（2）用委婉的方式直接答复顾客并安抚顾客的情绪。

（3）赠送礼品、赠品或相对应的增值服务项目，以消除误会。

（三）初步确定投诉处理责任部门

根据顾客投诉的内容，初步确定顾客投诉的相关责任部门，对顾客具体投诉原因进行调查核实，并传递信息至相关责任人员。

（四）投诉处理场所

向顾客诚恳地道歉，安抚好顾客的情绪，并请顾客到一个安静的场所，避免在公共场合的尴尬局面，影响其他顾客。

（五）提出处理方案

（1）主动向顾客表示关怀，分析事情的原因，征求顾客意见，根据实际情况主动提供可行性解决方案，与相关部门协调将其落实到位，直到与顾客达成共识，满意为止。

（2）对于较难处理或门店人员解决不了的投诉问题，应及时向上级管理者汇报沟通，共同研究方案寻找对策解决问题。

（3）如上级管理者也解决不了，要给予顾客一个准确的处理答复时间，再申请逐级向上汇报，直到解决问题为止。

五、顾客投诉信息的处理和反馈

为了及时、有效地处理顾客的投诉和意见反馈，切实保障顾客的利益，提高企业服务质量，每次处理完顾客的投诉意见后，都要对该事件的原因、后果以及处理方式、结果做详细记录并存档，要监督补偿措施的落实情况，尽可能做到及时到位，对相关责任人做出适当的处理，并吸取教训。建议在一个星期之内针对投诉处理的满意度向顾客进行电话回访，并进行记录。

直通职场

某商超顾客投诉处理管理办法

单元四

4

营销管理

实例分享

北京有一家书店名叫“久久”，铺面不大，在经营上却颇有特色，有些地方甚至有悖“常理”。比如，书店规模不大，理应节约开支，但这家书店却买进一辆货车，在车体上涂上店名并写上“流动书架”，来往各所高等院校；再比如，按常理书店内不应设有座位，以免顾客坐下来阅读而影响图书的出售，但这家书店却全部开架，用地毯铺地，播放轻柔的音乐，在书店中间还设有几张桌椅，方便顾客可以坐在那里翻阅或抄写。

据书店负责人刘女士介绍，这样做是因为该书店将顾客定位在高等院校师生、科研机构工作人员。各高等院校每月都要举办1至2次的书市，“久久”书店则总是他们的主要邀请单位。通过这些书市，“久久”得到了可观的经济收入。同时，这些高等院校的学生以及毕业后走向工作岗位的人士普遍认同“久久”，许多人宁愿舍近求远，从距离较远的地方来到“久久”阅读、购书。

思考：

“久久”这些有悖经营“常理”的做法，为什么能取得成功？

一、门店营销概述

（一）门店营销的定义

门店营销是指店铺内外部经营，针对光临或路过的流动顾客所要做的营销手法。其是流通零售终端所特有的行销方式。它的表现除了反映商品、门店活动、商店促销之外，也是终端在行销力及服务力的结合表现。门店营销是以门店为一个点，沿着市场需求和时间纵深展开，它强调销售员的主观能动性、阶段性重点事件处理和时效延续性。

门店从古至今在商业交往中都有着非常重要的地位，从消费者行为和购买偏好来看，很多消费者是在门店里看到商品以后才做出购买的决定。根据一份市场调查报告可知，很多人进商场只是随便逛逛，其中83.6%的消费者是非计划性购买，而91.6%的消费者是到了门店才决定购买商品的。在今天这个商业竞争空前激烈的时代，我们必须要将门店营销作为主要的传播手段，只有这样才能更好地刺激消费者的购买欲。具体的营销要点包括：

1. 店面宣传是门店营销的催化剂

门店要学会运用各种传播媒介向公众有意识、有目的地传播门店的有关信息以影响和改变公众的态度、意见和行为，扩大门店的社会影响，形成对门店有利的舆论环境，即通过有效利用媒体来扩大门店的知名度和提高门店的美誉度。

2. 员工是门店营销的灵魂

员工是门店最重要的资源，门店必须要对员工进行系统的培训，让其有成长的空间，只有这样员工才愿意和门店一起并肩作战。

3. 了解需求是门店营销的目标

门店营销人员要清晰地划分出顾客的主要需求与次要需求，从而良好地将门店的物品销售出去。

（二）营销四要素

20 世纪 60 年代，随着营销组合理论的提出，产生了 4P 营销理论，即产品、价格、渠道、促销。市场营销组合是指市场需求或多或少在程度上受到所谓“营销要素”的影响。为了寻求一定的市场反应，企业要对这些要素进行有效组合，从而满足市场需求，获得最大利润。

4P 营销理论是市场营销过程中可以控制的因素，也是门店进行市场营销活动的主要手段，对它们的具体运用，形成了门店的市场营销战略。

（三）门店促销

1. 促销的定义

促销是营销者向消费者传递本企业及产品的各种有关信息，说服或吸引消费者购买其产品，以达到扩大销售量的一种活动。促销实质上是一种沟通活动，即营销者发出刺激消费的各种信息，把信息传递到一个或更多的目标对象，以影响其态度和行为。

2. 促销的作用

（1）建立品牌知名度，提升品牌影响力。

（2）激励消费者初次购买和再次购买，以达到提高销售额的目的。消费者一般对新产品具有抗拒心理。促销可以让消费者降低购买风险意识，降低初次消费成本，接受新产品。一个持续的促销计划，一定意义上可以使原有消费群产生持续购买行为。

（3）带动店面产品影响力，提高销售业绩。促销的第一目标是完成促销产品的销售，并带动相关产品的销售。它可以改变一些消费者的使用习惯及品牌忠诚度。

（4）促销是门店进行市场竞争的有效手段。无论是门店发动市场侵略，还是市场的先入者发动反侵略，促销都是有效的应用手段。市场的侵略者可以运用促销强化市场渗透，加速市场占有。

促销的主要目的还包括：提高来客数、客单价、营业额、市场占有率，消化库存，提升新品，应对竞争者的挑战和扩大形象等。

二、销售目标制定

对于一个零售门店来说，虽然运营策略体现在财务、销售、市场、人力等各个方面，但是创造更高的销售业绩永远是门店生存的第一要务。销售目标的制定是每个门店的头等大事，有的公司甚至花上一个季度甚至半年时间来做销售预测、制定目标。

制定目标应符合 SMART 原则：

（1）目标应符合明确性原则（Specific），目标不能模棱两可，一个目标的考核点最好具有唯一性。

（2）目标应符合可衡量性（Measuralable），促销目标应该有明确的数据，并且这组数据要作为定期追踪和衡量的依据。

（3）目标应符合可达成性（Attainable），目标必须通过努力可实现，不能虚高也不能太低。

（4）目标应符合相关性（Relevant），各门店目标必须支持且强化销售总目标，是门店营销总目标的细化。根据上一年度年各区域、门店的销售占比，将目标分解到各家门店。

（5）目标应符合时限性（Time-bound），目标是有时间限制的，有的目标甚至可以分解到多个时间点。这样既有利于完成销售目标，又有利于追踪目标。例如零售门店的年度销售额目标可以拆分到月、日、时段。

（一）制定目标的步骤

通常制定目标包括以下 6 个步骤：

1. 收集数据

数据包括宏观数据和微观数据两大类。宏观数据包括经济增长走势（一般会有专门的智库做这方面分析）、政策导向、行业发展、竞争对手策略等数据；微观数据包括公司历史销售数据、促销数据、拓展数据、市场推广数据等。

2. 制定策略

只有在一个清晰的策略指导下才能制定正确的下一年销售目标，因为每一个策略都有可能影响具体的销售数据。主要的策略及其涉及的内容有：

（1）产品策略涉及内容：有新产品上市吗？上市时间是什么时候？上市区域有哪些？销售预估值是多少？有旧产品下线吗？下线时间如何安排？会影响多少销售额？

（2）渠道策略涉及内容：拓展计划是什么？拓展新门店或新渠道的销售目标是多少？有关店计划吗？会影响多少销售？

成熟的策略是目标完成的说明书，策略越清楚，销售目标完成起来就越轻松。目标是策略的具体体现，是公司策略的种量化手段。

3. 设置目标

当把策略弄清楚并量化后，目标就已经有雏形了。目标制定时应该树立三个观念：（1）年度目标制定的过程其实就是销售完成的过程，要深思熟虑。（2）对目标决策者来说，年度目标不是个人的理想目标，要务实。（3）一定要将目标分解到可执行的最小单位。

4. 验证目标

一般公司没有验证目标这个步骤，但这个步骤是必不可少的，设置目标基本上是由上而下进行的，但验证目标是由下而上进行的。这个步骤由门店的销售负责人来完成，因为他们最了解门店的真实情况。

5. 沟通目标

经过修正的目标需要层层下发到主要目标执行者手中，下发目标时要求管理人员必须面对面和员工进行沟通。目标面对面沟通时要注意以下问题：

（1）保证目标沟通的合理性。管理人员务必向员工说明为什么是这些目标值，因为员工现在接到的目标可能与前几天自己设定的目标值有了变化。

（2）需要沟通目标完成的方法，第二年工作的重点和方向。每个人对公司策略的理解是不同的，管理人员务必帮助员工理解这些策略，只有将这些策略转化为可落地的方案，才能帮助员工完成其销售目标。

（3）沟通目标的过程也是责任的转移过程。如果员工被分配的目标和自己制定的目标差距较大，员工就需要和管理人员沟通，一起找到解决的办法，寻找更多的资源。例如，增加一些区域性的促销等。

6. 确认目标

员工领到自己的年终目标后，还需要将目标细分到可执行的最小单位，同时将各种策略“翻译”成可执行的行动方案，最后变成一本目标执行操作手册。

（二）目标分解

无论是年度销售目标、季度销售目标，还是月度销售目标，都不是一天就可以完成的，也不是突然在某个节点就可完成的，而是日清日结、日积月累的结果。进行销售目标的分解是为了更加清晰地了解每天销售任务的进展情况，使员工的工作有目的、有检查、有落实，并能及时对工作中的目标偏差进行修正。分解销售目标是确保销售目标落到实处的关键。

门店常用权重指数方法来分解销售目标，即以某个销售周期内的历史日销售额数据为基础，通过分析历史销售规律，借以分解销售目标。下面以周目标分解为例，介绍相关权重指数的计算，步骤如下：

第一步：锁定门店作为“完整店铺”（完整店铺是指在完整年度中有完整销售额的店铺，新店和有停业间断销售的店铺不属于完整店铺）的一个最近完整年度作为分析范围。

第二步：将所有“完整店铺”门店的每日销售额数据对应相加，得到全部门店的每日销售额数据。

第三步：根据门店零售规律对日销售数据进行预处理，剔除异常数据。之所以要剔除异常数据，目的是让数据能更真实地反映日常的销售规律。

第四步：将剩下的数据以周为单位进行整理，然后计算出平均日销售额，

第五步：找到平均销售中销售额最低一天的销售数据，设定它的日权重指数为 1.0，然后分别用其余 6 天的平均销售额除以这个最低值，就分别得到每天的日权重指数。

第六步：将每日权重指数相加就是周权重指数。月权重指数以此类推。

第七步：周销售目标 = 月销售目标 *（周权重指数 / 月权重指数）

权重指数除了可以做月、周、日的目标分解外，还可以用来分析某个区域的数据，因为它是一个灵活的概念。在分解目标时，需要进行合理分配。特殊时期（比如节假日、商场特殊活动期、公司活动期等）门店的客流相对增加的同时，业绩也会相应增长，故特殊时期的指标也要根据预估情况做相应的调整。

店长拿到门店月度指标后，还可将指标分摊到每个人身上。店长可以根据每个员工的销售能力来分摊业绩，这样可以充分利用每个员工的优势给门店带来最大的效益。

实例分享

日销售目标的计算

某集团 A 店 2021 年 8 月的销售目标是 8 200 万元，权重指数为 42.1。8 月 21 日（星期六）的日权重指数为 1.9。22 日（星期日）的日权重指数为 1.7。

（1）若店铺没有促销活动，8 月 22 日的销售目标是多少？

（2）若 A 店在 8 月 21 日和 22 日做了一场 3 级促销活动（3 级促销特指预期销售额增加 30% 的促销，同理 4 级促销指预期销售额增加 40% 的促销），整月没有其他促销活动，那么 8 月 22 日的店铺总目标又是多少？

经过一番计算，同学们给出以下两种答案：

第一种答案：

（1）8 200×（1.7÷42.1）=331.1（万元）。8 月 22 日的销目标是 331.1 万元。

（2）8 月 22 日由于有个 3 级促销，于是当天日目标就变成了 430.4 万元，计算公式是 331.1×1.3=430.4（万元）。

第二种答案：

（1）8 200×（1.7÷42.1）=331.1（万元）。8 月 22 日的销售目标是 331.1 万元。

（2）首先计算出因 8 月 21 日和 22 日活动带来的权重变化，（1.9+1.7）×0.3=1.08

然后计算出 8 月总权重指数 =42.1+1.08=43.18

接着再计算出 8 月 22 日当天的销售目标，8 200×（1.7×1.3）÷43.18=419.7（万元）。

第二种计算方法更准确，我们必须注意到一些特殊日期和事件会影响到店铺的日权重指数，进而影响到日销售目标。

（资料来源：黄成明 . 数据化管理［M］. 北京：电子工业出版社，2014. 有改编）

三、门店促销活动方式

常用的促销手段有广告促销、人员推销、公关宣传、营业推广和网络营销。

（一）广告促销

广告促销是广告主借助一定的宣传媒体将有关商品或者服务的信息传递给受众的一种有偿宣传方式，是连锁门店常采用的手段之一，是连锁门店树立品牌、应对竞争的有力武器。广告的主要媒体有网络、报纸、电视、广播、邮寄、杂志、户外广告等。

（二）人员促销

门店人员促销在整个促销策划中占有特殊的重要地位。与广告促销相比，人员促销的投入明显较低，但是它却能获得广告促销无法得到的效果。其不仅能够提高产品销售量，而且能有效地和顾客进行沟通，了解很多市场信息。

（三）公关宣传

公关宣传是指企业为改善与社会公众的关系，促进公众对组织的认知、理解及支持，达到树立良好组织形象、促进商品销售目的的一系列活动。连锁门店开展公关宣传活动的目的是树立门店在社会公众中的良好形象，取得较好的生存与发展空间。

（四）营业推广

营业推广是指除人员促销、广告促销和公关宣传以外的，用以促成消费者购买和提高交易额的促销活动，诸如折价促销、凭证优惠、竞赛与抽奖、会员制、集点优惠、包装促销、举办展览会等不规则的、非周期性的销售措施。

营业推广能有效刺激顾客购买，提高促销效率，它包括的范围较广，是一种行之有效的促销辅助性措施。营业推广的最大特征在于，它是战术性而非战略性的营销工具，可直接促成消费者的购买行为。

（五）网络营销

网络营销，亦称网上营销或者电子营销。互联网为营销带来了许多独特的便利，现在常用的形式有自媒体的博客与微博营销、网络广告营销、视频营销、媒体营销、社交平台与消费评价平台营销等。

四、门店促销商品管理

（一）门店促销商品的分类

商品按照其功能性可以分成三类，具体分类及其特点和功能等见表 3-5。

表 3－5　商品的分类与定位

类型	特点	功能	零售原则
形象商品	低价、优质、生活必需品	吸引客流	超值低价
销量商品	主力商品、应季品、成熟商品	主要的经济效益体现	可持续性平价
效益商品	个性化商品、关联性商品	较高的毛利率，满足冲动购买需要	正常加价

（二）促销商品的选择

促销商品的品项、价格是否具有吸引力，将决定促销活动的成败。无论选择何种商品做促销品都应注意：一是要选择消费者真正需要的商品；二是要能给消费者增添实际价值感的商品。一般来说，可选择以下四种商品作为促销商品。

1. 节令性商品

根据季节、节日的不同选择时令性的促销商品，如在夏季推出的清凉性促销商品，在冬季推出的保暖性促销商品，元旦、春节选择礼盒、香烟、糖果、零食、玩具等；元宵节、情人节选择汤圆、花灯、礼盒、巧克力等；“五一”劳动节、母亲节、端午节选择礼盒、粽子、美容品、婴儿用品等。

2. 敏感性商品

敏感性商品一般属于生活必需品，市场价格比较透明，消费者极易感受到价格的变化，如鸡蛋、大米、油、肉等商品。选择这类商品作为促销商品时，在定价上只要稍低于市场价格，就能很有效地吸引较多的顾客。

3. 众知性商品

众知性商品一般是指品牌知名度高、市面上随处可见、但也容易被取代的商品，如化妆品、保健品、饮料、啤酒、儿童食品、乳制品等。选择此类商品作为促销商品往往可以获得供应商的大力支持，但需要注意将促销活动与大众传播媒介的广泛宣传较好地结合起来。

4. 特殊性商品

特殊性商品主要是指超市自行开发、使用自有品牌、市面上没有可比较的商品，这类商品的促销活动应主要体现商品的特殊性，价格不必定得太低，但应注意价格与品质的一致性。

直通职场

某超市促销商品的选择原则

A. 惊爆商品

1. 形象
2. 磁性力：鸡蛋，米，纸品，饮料，常用家电，家纺

3. 超低价格

4. 严格控制品项数（3～5个）

5. 可以考虑数量限制

B. 销量商品

1. 创造销售业绩，强调流量

2. 加快库存周转

3. 可持续性低价

4. 各部门有代表性商品（油、酒、饮用水、内衣、家电）

5. 保障供应量

6. 提供充裕的堆头陈列

7. 销售业绩大于平常2～5倍

C. 当期重点推介商品

1. 入季商品（生鲜、电火锅、毛衣、暖风机）

2. 供应商广告促销商品

3. 重点新品

4. 自有品牌

D. 自有品牌

1. 赢取额外的利润空间

2. 民生必需品

3. 重复性消费商品 / 流量商品

4. 较低的品牌忠诚度 / 生产工艺

5. 自有品牌的质量监控

6. 典型的自有品牌开发品类：米 / 面 / 纸品 / 洗洁精 / 内衣裤 / 办公用文具

（三）促销品选择的五大忌讳及应对措施

1. 忌讳1：价格战

特价促销是一把“双刃剑”，只是一种短期性的、针对性的促销行为，如果大张旗鼓地长期使用，就势必会伤及自己。促销时的特价要适度，不可过滥过频。

应对措施：（1）开展有吸引力的买赠促销（如送赠品）、日限（即每天限量）等方式来进行回击。（2）以不同于竞争对手特价品种的另一个品种来做特价。一般特价促销都只选择某一单品，针对竞争对手的进攻型特价，门店可以选择功能不同的另一品种进行特价促销，巧妙地避开正面竞争。（3）固定拿出一个畅销品种作为狙击性品种。一旦竞争对手做特价，就推出狙击性品种来狙击竞争对手的特价促销。

2. 忌讳 2：独角戏

这种情况是：超市在做负毛利促销，赔本赚吆喝，供应商在看戏。

应对措施：让供应商让利，例如可运用“前七后八”原则，即在活动开始前 7 天到活动结束后 8 天都处于价格变动期内，让供应商支付促销活动产生的 DM 印刷、堆头陈列、广告灯箱、户外宣传等费用。

3. 忌讳 3：过多地以低端价位商品做促销

对于一些生活必须品，顾客有相对固化的整体需求，例如卫生纸、卫生巾、洗发液等，如果总用这些产品做促销，可能会冲击该品类高端价位商品的销售，从而影响整体销售业绩。

应对措施：抓好一线品牌的销售，宣传产品特性与使用价值，提升品牌价值。

4. 忌讳 4：同一商品以不同的售价连续两次出现在营销宣传中

这样将对顾客造成难以换回的负面影响，促销效果会越来越差。

应对措施：每次促销前做好促销商品的校对，同一商品两次的促销间隔期应遵循“息二上一”原则或者换另一种产品做促销。

5. 忌讳 6：不要让滞销商品占据营销宣传的主要展示位

促销的主要目的：吸引客流、提高销量、提升形象。如果每次促销的商品都是滞销商品，会降低消费者对商品的信赖。

应对措施：可做清仓活动或其他处理滞销商品的专项促销活动。

五、门店促销活动评估

对促销实施结果进行评估是为了更好地指导下一次的促销活动，以期获得越来越好的业绩呈现。因此关于促销实施与评估应从事前、事中和事后三个环节展开。

（一）促销前

1. 事前评估

事前评估指促销计划正式实施前所进行的调查测定，用以评估该计划的可行性和有效性，或在多个计划中确定出最佳方案，采用的主要方法有：

（1）征求意见法：即邀请部分消费者、渠道中间商对备选的几套方案发表意见，选出一个可以得到普遍接受和相对理想的方案。

（2）试验法：即选择一定地区、在一定时间内对备选方案进行短期试验性实施。有时可以通过变换规模、水平、渠道、时机等了解消费者的不同反应，从而确定最佳方案。

2. 促销准备

促销准备的内容可以参见检核表（见表 3－6）。

表 3-6 促销前准备检核表

项目	检核事项	是否达标	检核人
促销前	促销宣传品发放，并准备妥当。 （包括但不限于海报、POP、宣传图册）		
	促销人员精准掌握促销活动内容。		
	促销商品（赠品）到店情况。		
	系统变价及价签调整。		

（二）促销中

1. 事中评估

事中评估指在促销活动进行过程中对效果进行评估，主要方法是消费者调查和终端走访，主要评估的内容为以下三个方面：

（1）促销活动进行期间的消费者动态。可以通过现场记录来分析消费者参与的数量、单次购买量、重复购买率、购买量增幅等。

（2）参与活动的消费者结构，包括：新、老消费者比例；新、老消费者的重复购买率；新消费者数量的增幅等。

（3）消费者意见，包括消费者参与活动的动机、态度、建议、要求、评价等

2. 现场管理

促销现场管理的主要内容参见检核表（见表 3-7）。

表 3-7 促销现场检核表

项目	检核事项	是否达标	检核人
促销中	促销商品补货及时、数量充足。		
	促销商品质量合格。		
	系统变价、价签调整。		
	商品陈列维护及时、合格。		
	促销宣传到位。		
	卖场卫生、器架维护。		
	促销人员明确主推商品。		
	促销人员关注目标达成。		
	促销人员精准掌握促销活动内容。		

（三）促销后

1. 事后评估

事后评估指在促销活动告一段落或全部结束后对其产生的效果进行评估。常用的方法有比较法和调查法。

（1）比较法：比较促销活动开展前后销售额的变化情况。即在假定其他条件不变的前提下，可对销售额增幅与促销投资进行比较，以判断和评价其实际效果。其常用同比分析和环比分析。

1）同比分析。进行促销活动效果同比分析时，一般选取今年的促销活动期间和上一年同一个促销活动期间进行同期比较，计算同比增长及同比增长率。

2）环比分析。进行促销活动效果环比分析时，一般选择促销前、促销中和促销后三个相同时期的数据进行比较，计算环比增长及环比增长率。

（2）评估结论。结合计算结果，通过横向比较（与竞争对手对比）、纵向比较（与历史数据对比）、与目标对比等几个维度的分析，给出针对此次促销的评估结论。

2. 事后管理

事后管理的主要内容参见检核表（见表 3－8）。

表 3－8　促销收尾工作检核表

项目	检核事项	是否达标	检核人
促销后	过期宣传品及时撤销		
	重新调整陈列		
	系统变价及价签调整。		
	员工状态、形象达标。		

直通职场

某超市促销评估报告

促销活动评估报告（___ 档期）

促销日期：　　　　　　　　促销门店：

评估项目	评分标准（共 100 分） 非常好—好—一般—差—很差	得分
促销商品选择	5 分□　4 分□　3 分□　2 分□　1 分□	
促销手段选择	5 分□　4 分□　3 分□　2 分□　1 分□	
促销日期选择	5 分□　4 分□　3 分□　2 分□　1 分□	
促销价格定位	5 分□　4 分□　3 分□　2 分□　1 分□	
配送中心配送速度	5 分□　4 分□　3 分□　2 分□　1 分□	
促销品库存储备	5 分□　4 分□　3 分□　2 分□　1 分□	
DM 商品销售增长情况	5 分□　4 分□　3 分□　2 分□　1 分□	
非 DM 商品销售增长情况	5 分□　4 分□　3 分□　2 分□　1 分□	
持续力度	5 分□　4 分□　3 分□　2 分□　1 分□	
顾客的反映情况	5 分□　4 分□　3 分□　2 分□　1 分□	

续表

评估项目	评分标准（共 100 分） 非常好—好—一般—差—很差	得分
市场影响力情况	5 分□　4 分□　3 分□　2 分□　1 分□	
与上次促销活动对比	5 分□　4 分□　3 分□　2 分□　1 分□	
采购对促销的应变情况	5 分□　4 分□　3 分□　2 分□　1 分□	
仓库对促销的应变情况	5 分□　4 分□　3 分□　2 分□　1 分□	
门店对促销的应变情况	5 分□　4 分□　3 分□　2 分□　1 分□	
DM 海报商品出错情况	5 分□　4 分□　3 分□　2 分□　1 分□	
DM 派发工作评估	5 分□　4 分□　3 分□　2 分□　1 分□	
促销前期准备工作评估	5 分□　4 分□　3 分□　2 分□　1 分□	
促销期间实施工作评估	5 分□　4 分□　3 分□　2 分□　1 分□	
促销后扫尾工作评估	5 分□　4 分□　3 分□　2 分□　1 分□	
总分（100 分）本次总得分：		
本次促销工作总结		

思政园地

如何建立团队信任

团队的第一大障碍是缺乏信任，信任是团队协作的基础。如果团队成员不能相互理解、坦诚相待，谈什么协作都是假的。那么，为什么会缺乏信任？本质的原因是团队成员都害怕成为攻击的对象，不愿意把自己的弱点暴露给别人。

人们常说的背靠背，是什么意思呢？就是我后面没有长眼睛，所以我把自己的后背交给你。正面如果有人想伤害我，我能看见也就能躲过去，但是后面是不行的。我相信你，交给你，靠你了。

优秀团队的成员之间不会相互防备，不会掩饰自己的缺点。他们敢于承认自己的错误和不足，敢于发表意见，而且不担心会遭到别人的打击报复。如果一个团队成员之间做不到信任，代价是巨大的。他们会害怕开会，也不愿意交流，沟通的效率会无比低下，士气低迷。下面介绍一个可简单有效提高团队信任的方法，具体包括三个方面：

1. 个人背景介绍

开展个人背景介绍是完成建立信任的第一步。开会的时候大家围坐在一起，每个人回答几个关于个人背景的问题，例如：家乡在哪里？家里有几个孩子？个人爱好有哪些？通过这些简单的问题，让每个人适当暴露自己，拉近彼此之间关系。也许你会惊讶地发现，尽管大家每天都见面，但是对彼此知之甚少。这些内容可以增强大家的了解和信任。

2. 工作效率讨论

这是往更深的信任迈出的一步。由团队任意成员指出同事为团队做出的最大贡献，以及最需要改进的地方，然后大家对每个人说的内容进行讨论。也许你会觉得太冒险，但你要相信，这是值得的。可能在 1 个小时里，大家就能获得很多真实的信息和真实的建议。

3. 领导要第一个参与

不管是个人背景介绍，还是工作效率讨论，领导都应该是第一个参与的人，第一个发言的人，第一个被评论的人。抛开所谓的面子，下属们才更愿意像领导一样真实地展现自己。而且领导的参与，也能保证团队成员在承认弱点后，不会因此受到不利影响。

通关练习

一、选择题

1. 商品管理过程中在收货时注意的事项包括（　　）。

A. 检查包装或标签是否破损、折裂、污染等问题

B. 检查液体商品有无渗漏问题

C. 效益最佳原则

D. 检查商品有无其他质量问题

2. 顾客投诉处理的原则包括（　　）、维护企业应有的利益与留档分析、总结经验。

A. 有章可循，防患未然　　B. 迅速反应，及时处理

C. 认真倾听，绝不与顾客争辩　　D. 推卸责任

E. 分清责任

3. 顾客对安全投诉的原因往往是（　　）。

A. 地板太滑，导致顾客摔跤　　B. 顾客财物被窃

C. 电梯发生故障　　D. 服务态度不好

E. 没有试衣间

4. 考勤管理制度至少应包括（　　）。

A. 员工上班和下班的具体时间

B. 员工迟到、早退、旷工的明确界定及处罚措施

C. 病假、事假、婚假、丧假、年休假等的具体规定及审批流程

D. 出差规定及审批流程

E. 门店或员工个人突发事件等的处理

F. 考勤负责人及其汇报对象

G. 全勤甚至加班的奖励等

5. 营业结束后，应当及时做好（　　），以便账款对齐。

A. POS 机结算单　B. 现金差额报告　C. 商品库存表　D. 日销售报表

6. 店铺营业时，补货应优先遵循（　　）原则。

A. 先进先出　B. 前进立体　C. 集中陈列　D. 畅销品优先

7. 保质期短的商品需要用（　　）设备陈列。

A. 冷藏冷冻设备　B. 特殊专柜

C. 保鲜柜内　D. 特设商品柜

8. 因顾客无意行为造成商品损毁的，首先应该（　　）。

A. 检查商品损毁情况　B. 协商赔付金额

C. 将顾客引离销售区　D. 上报店长或总部

二、填空题

1. 考勤管理由____________、____________、出勤调配三部分组成。

2. 门店工作人员每天在开市和闭市时，需要对自己所负责区域的____________、____________进行逐一检查，确保销售正常进行。

3. 鲜奶、奶油、酸牛奶等均需保存在温度为____________保鲜柜内。

4. 员工的激励方法有__________、____________、____________。

5. 顾客投诉的方式有__________、____________、____________、____________。

6. 4P 营销理论，即______、______、______、______。

7. 制定规划目标应符合 SMART 原则，具体指______、______、______、______、______。

8. ______是指企业为改善与社会公众的关系，促进公众对组织的认知、理解及支持，达到树立良好组织形象、促进商品销售的目的的一系列活动。

9. 促销实施与评估应从______、______、______三个环节展开。

三、思考题

1. 简述门店员工仪容仪表的规范要求。

2. 门店冷冻冷藏食品的质量要求有哪些？

3. 门店的安全管理工作包括哪些？

4. 如何进行顾客行为分析？

5. 如何进行顾客投诉心理分析？

6. 促销活动对于实现销售目标有哪些作用？

7. 如何运用权重指数法分解连锁门店各区域的销售目标？

8. 如何通过网络营销实现门店经营目标？

9. 如何通过有效的促销选品提高来客数？

10. 简述事前和事中评估对于促销活动的意义。

参考文献

［1］ 中国连锁经营协会校企合作委员会．零售数据分析与应用［M］．北京：高等教育出版社，2016.

［2］ 程莉，郑越．品类管理实战［M］．4 版．北京：电子工业出版社，2020.

［3］ 新媒体商学院．新媒体运营一本通：营销推广＋活动策划＋文案写作［M］．北京：化学工业出版社，2020.

［4］ 杜凤林．新零售实践：智能商业时代的零售进阶路径［M］．北京：中国纺织出版社，2018.

［5］ 殷中军，张爱林．社交电商新零售［M］．北京：机械工业出版社，2020.

［6］ 尹元元，朱艳春．渠道管理［M］．2 版．北京：人民邮电出版社，2017.

［7］ 廖利军．新零售运营与实践：全渠道电商与物流供应链方法＋技巧＋案例［M］．北京：电子工业出版社，2020.

［8］ 勾俊伟．新媒体运营：产品运营＋内容运营＋用户运营＋活动运营［M］．北京：人民邮电出版社，2018.

［9］ 阿里巴巴商学院．电商数据分析与数据化营销［M］．北京：电子工业出版社，2019.

［10］ 吴英劼，刘丹．增长起跑线：数字营销实战指南［M］．北京：电子工业出版社，2020.

［11］ 阿里巴巴商学院．内容营销：图文、短视频与直播运营［M］．北京：电子工业出版社，2019.

［12］ 曹虎，王赛，乔林，艾拉·考夫曼．数字时代的营销战略［M］．北京：机械工业出版社，2017.

［13］ 王先庆，彭雷清，曹富生．全渠道零售：新零售时代的渠道跨界与融合［M］．北京：中国经济出版社，2018.

［14］ 孙一晖，郭婧．赢在全渠道：运营方法与实践［M］．北京：电子工业出版社，2020.

［15］ 时胜利．新零售全渠道营销实战：获客、成交、复购与裂变［M］．北京：人民邮电出版社，2019.

［16］ 谭贤．O2O 融合：打造全渠道营销和极致体验［M］．2 版．北京：人民邮

电出版社，2018.

［17］ 赵宏田，江丽萍，李宁．数据化运营：系统方法与实践案例［M］．北京：机械工业出版社，2018.

［18］ 廖敏慧，吴敏，李乐．电子商务文案策划与写作：软文营销内容营销创意文案［M］．2版．北京：人民邮电出版社，2019.

［19］ 金毅．中国重点城市商圈分析与商家选址参考［M］．北京：化学工业出版社，2016.

图书在版编目（CIP）数据

门店数字化运营与管理教程：初级 / 邱云，夏承龙，姚玲主编. -- 北京：中国人民大学出版社，2021.11

"1+X"职业技能等级证书配套教材. 门店数字化运营与管理系列

ISBN 978-7-300-29998-3

Ⅰ. ①门… Ⅱ. ①邱… ②夏… ③姚… Ⅲ. ①商店－运营管理－数字化－职业技能－鉴定－教材 Ⅳ. ① F717-39

中国版本图书馆 CIP 数据核字（2021）第 215553 号

"1+X"职业技能等级证书配套教材·门店数字化运营与管理系列

门店数字化运营与管理教程（初级）

主　编　邱　云　夏承龙　姚　玲

副主编　苏伯文　孟子媛　梁彩花

Mendian Shuzihua Yunying yu Guanli Jiaocheng (Chuji)

出版发行　中国人民大学出版社

社　　址　北京中关村大街 31 号　　邮政编码　100080

电　　话　010－62511242（总编室）　　010－62511770（质管部）

　　　　　010－82501766（邮购部）　　010－62514148（门市部）

　　　　　010－62515195（发行公司）　　010－62515275（盗版举报）

网　　址　http://www.crup.com.cn

经　　销　新华书店

印　　刷　天津鑫丰华印务有限公司

规　　格　185 mm × 260 mm　16 开本　　版　　次　2021 年 11 月第 1 版

印　　张　12　　印　　次　2021 年 11 月第 1 次印刷

字　　数　256 000　　定　　价　42.00 元
